U0905055

难忘知心姐姐温暖的笑容

谢谢领导给“手拉手”活动赠书

在长城，我们豪情满怀

你真棒！

图书在版编目（CIP）数据

给知心家庭：共赢篇 / 卢勤著. —南京：译林出版社，2012.12
（卢勤教育文集）
ISBN 978-7-5447-3355-7

Ⅰ. ①给… Ⅱ. ①卢… Ⅲ. ①家庭教育 Ⅳ. ①G78

中国版本图书馆CIP数据核字（2012）第245515号

书　　名　给知心家庭（共赢篇）
作　　者　卢　勤
责任编辑　王振华
特约编辑　周冬辉
出版发行　凤凰出版传媒股份有限公司
译林出版社
出版社地址　南京市湖南路1号A楼，邮编：210009
电子邮箱　yilin@yilin.com
出版社网址　http://www.yilin.com
印　　刷　三河市祥达印装厂
开　　本　710×1000毫米　1/16
印　　张　16.75
字　　数　220千字
版　　次　2012年12月第1版　2012年12月第1次印刷
书　　号　ISBN 978-7-5447-3355-7
定　　价　29.80元

译林版图书若有印装错误可向承印厂调换

卢勤教育文集

给知心家庭 共赢篇

父母孩子共同阅读的励志书
成功家教的秘诀

卢勤◎著

译林出版社

总序：写书的感动

读书会感动，作者写的一个故事，一个细节，一句话会让你感动得热泪盈眶；写书也会感动，读者说的一句话，一个反馈，一个问候，也会让你心热热的，眼酸酸的。

“您好！您是卢勤吧？我认识您，您的书我全买，出一本买一本，我们全家都爱看您的书！”在马路边，在商场里，在飞机场，在火车站，在有人群的地方，常常会有人认出我，向我微笑，主动向我打招呼，不同的人在不同的地方几乎说着同样的话。

遇到这样的场面，作为书的作者，谁都会被感动。

一次，我去超市买东西，东逛西逛，六神无主，不知买点什么好。忽然一位女售货员走过来，她像发现了新大陆：“哇！您是卢勤吧？我看过您的书！我和女儿都是您的粉丝，我给您说个事。”我随她走到一个清静的地方。

“我女儿上五年级。一天，她拿回一本书，认真地对我说：‘妈，今天老师给我们留了作业，让我俩共同看这本书中的一个故事，我看过了，您也看看吧！’我一看正是您写的《把孩子培养成财富》，其中有一页折了一个角，我急忙读起来，读着读着我眼泪就流出来了，后来竟大哭起来。书中讲的是一位妈妈，她始终对被列为差生的儿子充满信心，不断地鼓励。最终，儿子考上了清华大学。儿子把录取通知书交到妈妈手里，大哭起来，边哭边说：‘妈妈，我知道我不是个聪明的孩子，就是您一直相信我行！’我明白了，女儿让我读这个故事，是希望我多鼓励她。她在学校很优秀，可我老瞧不上她，觉得她不如别人，女儿很委屈，我知

道了教育孩子鼓励比指责重要……”说到这，这位妈妈哭了。

一个月后，北京电视台《悦读会》栏目请我去以“把孩子培养成财富”为主题做节目时，我邀请她们母女俩参加了。当主持人问女儿为什么要让妈妈读这本书时，女儿趴在妈妈肩头哭了。

泪水常常是感动的心河里流淌出的精华。人被理解的时候最容易被感动。聪明的女儿对母亲无端的责怪有意见，但她却没有直接表达，而是用一本书，一个故事为自己说话。效果出奇好，没有正面冲突，没有直接对抗，而是“借力”达到对话与沟通的目的。

这就是书的魅力，这也是我写书的动力。

其实，我不是作家，我只是一个记者，获得过韬奋新闻奖的记者。我在《中国少年报》工作近三十年，是广大孩子与父母让我拿起笔写书的。

作为《中国少年报》的知心姐姐，我几乎天天都在与家长和孩子打交道。我了解爸爸妈妈的苦衷，我知道爷爷奶奶的心情，我懂得孩子们的心，我知道他们需要什么。这些年，我去了全国许多地方，一次又一次登上家教讲台，面对成百上千的满脸焦虑的家长，我强烈地感受到做父母的多么渴望了解孩子，多么渴望家教新知，多么渴望看到好书！同时，我也走进一所又一所学校，面对成千上万的充满困惑的孩子，我同样强烈地感受到孩子们多么需要理解信任，多么需要鼓励肯定，多么渴望与成年人沟通，多么需要有人替他们说话！

正是这火热的渴望，正是广大父母与孩子日益增长的需求，逼着我拿起笔，从1994年开始，利用业余时间写书。十几年里，我撰写了《写给年轻妈妈》《写给世纪父母》《知心姐姐告诉你——做人与做事》《告诉孩子，你真棒！》《告诉世界，我能行！》《好父母，好孩子》《把孩子培养成财富》等书。其中三本获得中宣部五个一工程奖，一本获得国家图书奖，还有一本被新闻出版总署推荐为“百种爱国主义教育图书”。

有需求便会有市场。多年来，我撰写的几本书总发行量超过

700 万册。有几百万读者做你的后盾，你说能不感动吗？

可我也有困惑。

这几年大量盗版书、假的文集和精华本出现在市场上。每当签名售书时，我只要发现了盗版书，都会用新书去换回来，因为那些书错字连篇，误人子弟。

一次，一位妈妈拿了一本厚厚的《知心姐姐卢勤家教精华四合一》让我签字，我拒绝了，我告诉她这是一本盗版书。她请求我说：“你就帮我签个名吧，这本书很方便，我需要。”最后我用了五本正版书，才换下她手中的盗版书。

从中我看到了，匆忙的父母们需要文集和精华本，于是这套书诞生了。

感谢编辑们满足了我的心愿，正式出版并再版这套精华本；感谢曾经为我这个非作家出版书的各家出版社给予我的帮助；更感谢长期以来信任我、支持我、爱我的读者，没有你们就没有这些书，我爱你们。

卢　勤

目 录 / Contents

第一章　好心态能改变你的世界　1

给孩子——太好了！　1

给爸爸妈妈——微笑着看孩子　8

给孩子——我能行！　13

给爸爸妈妈——让孩子喊出“我能行”　22

给孩子——你有困难吗？我来帮助你！　27

给爸爸妈妈——让孩子从小学会关心　32

第二章　责任感帮你长大　36

给孩子——自己的事情自己做　36

给爸爸妈妈——让孩子自己决定　38

给孩子——生日，父忧母难日　41

给爸爸妈妈——一切全靠你了　44

给孩子——从小立志报效祖国　46

给爸爸妈妈——孩子的理想不可少　49

第三章　奉献爱的人一生幸福　55

给孩子——需要知恩更需要感恩　55

给爸爸妈妈——别犯爱的麻痹症　59

给孩子——发现爱，感受爱　61

给爸爸妈妈——把童心童趣还给孩子　63

给孩子——播种爱，传扬爱 66
给爸爸妈妈——给孩子爱的机会 69

第四章　知难而进祝你成功 74
给孩子——在困难中微笑 74
给爸爸妈妈——助孩子一臂之力 77
给孩子——跌倒了，自己爬起来 79
给爸爸妈妈——赢得起，输得起 82
给孩子——一人进步大家乐 84
给爸爸妈妈——为孩子的成功叫好 86

第五章　好形象受人欢迎 91
给孩子——文明礼貌三句话 91
给爸爸妈妈——父母如何包装孩子 93
给孩子——文明行为三件事 95
给爸爸妈妈——帮助孩子管住自己 97
给孩子——待人接物三原则 99
给爸爸妈妈——把热情传递给孩子 102

第六章　取长补短走天下 106
给孩子——和同学友好相处 106
给爸爸妈妈——从小树立合作意识 108
给孩子——人人都重要 110
给爸爸妈妈——让孩子多交朋友 112
给孩子——扬长避短，学会合作 114
给爸爸妈妈——换个角度想一想 119

第七章　没有规矩，不成方圆 123
给孩子——诚实守信 123

给爸爸妈妈——说话不算数的家长没威信 127
给孩子——知法守法 128
给爸爸妈妈——维护孩子的尊严 130
给孩子——学会保护自己 133
给爸爸妈妈——你可以大声说“不” 137

第八章　学会学习终身受益 141
给孩子——要学会思考 141
给爸爸妈妈——谁来解答孩子的为什么 144
给孩子——要专心致志 146
给爸爸妈妈——请别打扰孩子 148
给孩子——要严守时间 150
给爸爸妈妈——把时间交给孩子 152

第九章　努力请从今日始 156
给孩子——明天做什么 156
给爸爸妈妈——帮助孩子设立目标 159
给孩子——生命的火花 161
给爸爸妈妈——芝麻，芝麻，开开门 164
给孩子——爱惜你的生命 166
给爸爸妈妈——生命的教育 169

第十章　地球孩子责任大 172
给孩子——对不起，大白熊！ 172
给爸爸妈妈——管住自己的嘴 175
给孩子——手拉手，捡回一个希望 178
给爸爸妈妈——捡与扔 183
给孩子——请加入“手拉手地球村” 186
给爸爸妈妈——请您像我这样做 192

第十一章　学会关心学会爱　195

给孩子——学会感恩　195

给爸爸妈妈——无情的果子自己吃　197

给孩子——大家为什么爱吕鑫　200

给爸爸妈妈——教孩子懂得回报　207

给孩子——特日格勒的苦难和快乐　211

给爸爸妈妈——谁之过　214

给孩子——学会尊重平凡的人　218

给爸爸妈妈——困难和挫折是最好的大学　222

第十二章　在知心姐姐教导下成长　226

徐力——我要对自己的事负责　226

叶锋——长大要做山区教师　236

杨小虎——长大想当解放军　242

第一章
好心态能改变你的世界

给孩子——
太好了！

人的内心，是一个广阔的世界。

在人的内心世界里，住着两个小人儿，一个叫“太好了”，另一个叫“太糟了”。

叫“太好了”的小人儿，每天在你的心里编织着欢愉的网络，遇到任何事情，他都能微笑着说声“太好了”。他有一种强大的力量，能把坏事变成好事，能把不利变为有利。靠着这种力量，他能把你带到一个光明的世界，一个充满着无限快乐的世界。

那个叫“太糟了”的小人儿，每天在你的心里编织着痛苦的网络，无论遇到什么事情，他都要紧皱着眉头说：“太糟了，糟透了，烦死了！”搞得你对生活失去兴趣和希望。

“太好了”和“太糟了”，哪个才是你要选择的朋友？

我想，你一定会大声地告诉我：“当然选‘太好了’！”

你选对啦！

现在就请你和“知心姐姐”一起，走进“太好了”的世界，看看你同龄的伙伴是怎样使用“太好了”这三个字的吧！

面对自己说声“太好了”

有一次，我去浙江省杭州市娃哈哈小学开展“知心姐姐”咨询活动。学校多功能厅里坐满了孩子，他们都用期待的目光看着我。

“谁来提第一个问题？”我注视着面前的孩子们，发现他们大多是队干部，可谁也不敢第一个说话。

“我先说！”坐在门口的一个瘦小的男孩子站了起来，大步走上台来拿过了话筒。

“本来今天老师没选上我，我是自己挤进来的。我有一件苦恼的事，想和‘知心姐姐’说。”

我带头为这个勇敢的孩子鼓起掌来。

“我长得又黑又瘦，有的同学管我叫‘非洲难民’。可我天生就黑，怎么也洗不白……”

场内爆发出一阵笑声，我也笑得前仰后合。会场里热烈的气氛，让我忽然觉得这个小男孩儿挺有人缘。于是，我问同学们：“你们觉得他长得黑吗？”

“黑！”

“你们觉得他美吗？”

“美！”

“他美在哪里呢？谁来说说？”

场上有好几位同学举手。

“他是我们班的，他很热心，爱帮助人！”

“他爱劳动，每次打扫卫生他都抢重活干！”

“他很勇敢——”

我一下子被眼前的一切感动了，小男孩儿的眼睛里也放着光。

“你看，”我对这位男孩儿说，“大家多喜欢你！叫你‘非洲难民’无非是想说明你比他们黑，很特殊。可是大家看到的不仅仅是你的长相，还通过你的行动看到了你热情和善良的心！长得黑怎么不好？世界就是由白皮肤、黑皮肤、黄皮肤等不同肤色的人共同组成的。不同的颜色，有不同的美。如果世界只有一种颜色，那会很单调。我们中国人的皮肤是什么颜色的？”我接着问大家。

“黄色的！”

“中国人好看吗？”

“好看！”

“非洲人也好看。你们看非洲人，眼睛亮亮的、头发鬈鬈的，他们走在路上，总是挺胸抬头，一笑还露出白白的牙齿。他们之所以那么自信，是因为他们知道黑色很美。Black is beautiful！”

我讲到这里，“非洲难民”不好意思地笑了。他抬起头，在大家的掌声和笑声中走下了台。

我对孩子们说，对于长相，我们也要有这种“太好了”的心态，要向《晏子使楚》故事里的晏子学习。晏子个头儿矮小，可他从不自卑。他博闻强识，充满自信，所以能不失国格、人格地完成国家交给他的使命，使得一心要侮辱晏子的楚王自讨没趣。一个人不怕别人瞧不起，最怕自己瞧不起自己；不怕别人朝你说“太糟了”，最怕自己对自己说“太糟了”。如果你想当个快乐小天使，你就要常常对自己说：“太好了！”

面对他人说声“太好了”

我们每一个人都生活在人群中，当你和沮丧的人在一起时，你一定要把“太好了”这个小人儿带到他身边，给他带去快乐。那你才叫够朋友呢！

记得有一次，我带《中国中学生报》的小记者到内蒙古大草原参加探险活动。在沼泽地行军时，遇到一条1米多宽的河沟，许多同学都跳了过去。我在河沟边站了好久，心里想：虽然我对同学们说“太好了”，可是如果我掉到河里也够糟糕的，因为我的腰和腿全有病。我就暗暗仔细地观察那些男同学是怎么跳过去的，看明白以后，我就憋足劲儿一跳……嘿！成功啦！没想到，

我身后一直跟着一个胆小的女孩子，她也怕掉进水里，不敢跳。看到我都跳过去了，她也放了心。没想到，只听得扑通一声，这女孩儿掉进了河沟，水一下子没过了她的膝盖。我赶忙伸出手去，把她从河沟里拉了上来。她一边朝上爬，一边说着："太好了，我终于掉到河里了！"我说："真是太好了，这回数你最凉快了！"说完，我俩痛快地大笑起来。在追赶队伍的路上，每走一步，她的鞋里都会发出咕唧咕唧的声音，她神气地说："听，多么美妙的音乐！"我说："太好了，我们行军有乐队伴奏啦！"一路上，她一点也不觉得沮丧，反而感到轻松愉快。如果这个女孩子的心里被"太糟了"的心态主宰，她一定会想："为什么别人没掉进河里，偏偏我就掉进去了呢？真是倒霉透了！"这样，她一定会觉得探险活动又苦又累，甚至会哭鼻子，流眼泪的。

等我们赶上队伍，只见探险队员们都齐刷刷地集合在草地上，等着我这个"营长"的检阅。

正在朝队伍走去时，两个小男生慌慌张张地向我跑了过来，说："不好了，有个同学发烧啦！"

"你俩觉得身体怎么样？"我关切地问道。

"肚子有点儿疼……"

看到他俩紧张的神情，我口气轻松地说了声："好，我知道了，你们先回队吧！"

我走到那个"发烧了"却站得笔直的大个子男生跟前，摸摸他的额头——并不太烫。于是，我就站到队伍的前面，夸张地说："同学们，告诉你们一个'太好了'的消息！"

同学们睁大了眼睛看着我，等待我发布这个"太好了"的消息……

"我们队伍中终于有人发烧啦！"

我的话音未落，队伍中已是一片哗然……

"有人发烧了，怎么还说'太好了'？"

……

"因为他比任何同学站得都直，他战胜了自己！"我大声地说。

这句话一出口，就像我喊了“立正”的口令一样，全体队员都精神抖擞地站直了。他们是被一种力量感染了。

这时，我又走到那两位喊肚子疼的男生面前，小声问道：“你们的肚子还疼吗？”

“报告营长，我的肚子不疼了！”两个男生齐声答道。

我们开心地笑了，周围的同学们也笑了……

我对其他的带队老师说：“此时此刻，假如我惊慌失措地喊：‘太糟了，有个同学发烧了，要马上送医院！’我相信，队伍中有一半的人要倒在草地上。因为经过一整天的行军，每个人都是疲惫不堪的，一个人的惊慌失措很快就会传染给大家的。”

后来，全体营员都坚持走出了草地，没有一个人生病，也没有一个人当逃兵。

这件事使同学们感受到：能够战胜自己，真是“太好了”！

面对困难说声“太好了”

人的一生中，会经历许多事情，也会遇到许多你意想不到的困难和坎坷。这时候，你一定要跟着那位叫“太好了”的小人儿走，他会帮助你走出困境，也会带给你战胜困难的力量。

云南省昆明市明通小学的大队辅导员郝学兰，同学们都叫她郝老师。她给我讲了不少发生在同学们身上的“太好了”的故事：

一次，郝老师带着小学生去贫困山区看望“手拉手”的朋友。到那里的路程很远，下了汽车以后还要翻五座山。路上，火热的太阳照着他们，郝老师就带着同学们仰望天空，朝着太阳大声地喊道：“太好了，谢谢你！你的爱我收到啦！”一路上，同学们精神抖擞，没有一个人喊苦叫累，都主动地体验着“太好了”的喜悦。

一个同学在布满青苔的石板路上摔倒了，可爬起来便大声地喊道：“太好了！在城里想找青苔还找不到呢！”

一个同学脚上磨得起了血泡，他却忍着痛说："太好了！我终于尝到打血泡的滋味啦！"

……

听了郝老师的故事，我真是太高兴了。如果我们人人都用这样的心态对待生活，对待困境，那么我们的一生该是多么快乐、多么幸福！

如果你考试考得不错，你就想："太好了，我的努力没有白费。"如果你考得不理想，你就这样想："太好了，我的进步又有了新的起点。"

如果你竞选班干部成功了，你就想："太好了，我可以有机会为大家服务了。"如果你落选了，你就这样想："太好了，我把成功的机会让给了别人！"

在生活中，如果你遇到不幸，你就想想比你更不幸的人，想想他们是怎么战胜困难，走出不幸的。就像一个为没钱买鞋发愁的人，出门见到一个没有脚的人，立刻觉得自己还是太幸福了，因为虽然没有鞋子，但是还有两只脚，还可以自由自在地走来走去。

有了"太好了"的心态，缺陷和困境对我们常有意外的帮助。大家都知道，世界上有许多卓有成就的人是残疾人，或者是曾屡遭磨难的人。音乐巨匠贝多芬晚年耳聋以后，依然热爱生命，创作出了那么多震撼人们心灵的交响乐；中国著名残疾人作家张海迪高位截瘫，而她却采取了积极进取的人生态度，创作了两部长篇小说，并获得哲学硕士学位……

"太好了"，这平平常常的三个字具有无穷的魅力，仿佛一个振奋人们精神的号角，把人们心里失望、沮丧的负面信息转化成催人奋发向前的正面信息，把在前进道路上不愉快的心情变成继续前进的动力。

掌握这三个字有三个要点：一是自我激励——多从积极的方面去想问题；二是激励他人——多向别人发出鼓励的正面信息；三是学会转化——将消极因素转化为积极因素。

如果你学会使用“太好了”这三个字，从小学会乐观、潇洒地面对人生，将来无论遇到什么样的困难和挫折，你都能微笑着去面对，你的生活也会是愉快幸福的。

有了知心姐姐，我们学会了说“太好了”“我能行”。

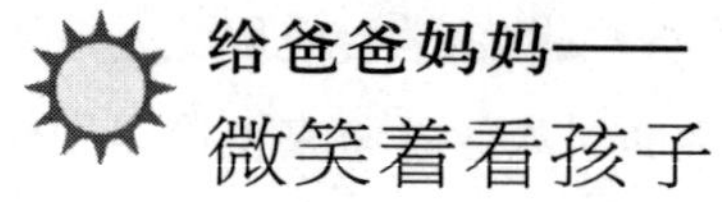

给爸爸妈妈——微笑着看孩子

我总结“快乐人生三句话”的教育法，最初是受上海的一位研究记忆法的先生的启发。

他给我讲了如何用“太好了”这三个字改变他和他儿子的故事。

他告诉我，过去因为儿子学习差，他和妻子常常吵架，每次儿子考砸了，他们夫妻二人就互相埋怨，还要训斥儿子是“笨蛋”，结果孩子的学习越来越差，有一天，终于落到了全班的最后一名。这位先生想，心烦也没有用，不如换一种方法试试。他接过儿子的试卷，微笑着说：“太好了，儿子！这回你再也没有什么负担了！”

儿子大吃一惊，忙问：“爸，您是不是有病了？”这位先生说：“没病。你想想，一个跑在最后的人还有什么负担呀，你不用再担心别人会超过你，你只要往前跑，就是在进步！”

儿子大受启发，一想，对啊，在《龟兔赛跑》的故事里，乌龟还能跑第一呢！于是，他心里高兴起来，轻松起来。第二次考试，他的成绩是全班的第十九名。

爸爸拿过试卷兴奋地说：“太好了，儿子！比上回已经前进很多名了！”听了这话，儿子也很高兴。

第三次，儿子考到了全班的第五名，爸爸激动地说：“太好了！儿子，你真了不起！离第一名就差4个人了！”

“后来，我儿子的成绩一直是全班第一名！”讲到这里，他的脸上洋溢着一种满意的笑容。

接着，他又给我讲了自己运用“太好了”的心态去处理事情的例子：

一次，我丢了些钱，妻子非常生气，唠叨着数落个没完："你可真笨，怎么会丢钱？要知道这些钱能买一只鸡，鸡能下蛋，蛋能孵鸡，鸡再下蛋……"她越说越生气，仿佛丢了这些钱，就丢了一份贵重的家产。我静静地听着，一言不发，但脸上始终带着微笑，因为我已经想好怎样"对付"她了。等她说得累了，不再数落时，我慢慢悠悠地跟她讲："假如这些钱我没有弄丢，我用它买了个西瓜，可却是个坏西瓜。我没舍得扔，怕你说我，就一个人把它吃了。结果，我又吐又泻，被送进医院，花了好多钱，才把命抢救回来。你说，我这些钱丢得是不是太好了？"妻子一听，忙说："丢得好，丢得好，丢钱要比丢命好！"

他的故事，让我笑得前仰后合，但仔细想一想，很有道理。我觉得，今天的孩子们就很需要这种心态，应该从小学会乐观地、潇洒地面对人生，将来肯定会生活得很愉快。

但是，孩子的成长毕竟是需要激励的。要让孩子从小具有良好的心态，首先家长自己要有好的心态，从内心里欣赏自己的孩子。没有赏识，也就没有教育。

一位外国作家巴德·舒尔伯格，在一篇文章中回忆小时候他写出第一首诗后，他妈妈对他的不同态度。他写道：

记得七八岁的时候，我写了第一首诗。母亲一念完那首诗，便兴奋地嚷着："巴德，这真是你写的吗？多美的诗啊！精彩极了！"她搂住我，赞扬声雨点般落在我身上。我既腼腆又得意扬扬，点头告诉她这首诗确实是我写的。

整个下午，我用最漂亮的花体字把诗认认真真地重新誊写了一遍，还用彩笔在它的周围描上了一圈花边。傍晚，将近7点钟的时候，我悄悄走进饭厅，满怀信心

地把它平平整整地放在餐桌上。

北京市翠微小学六年级(6)班的张晨同学把这个故事寄给我,他在信中写道:“我真希望所有的爸爸妈妈都能读到这个故事。”

是啊,孩子们多么希望在有了进步、创作了一件自己认为“了不起”的作品的时候,爸爸妈妈能发自内心地对孩子说一声“太好了”!

现在,很多家长对待孩子的态度不是“太好了”,而是“太糟了”,对孩子总也不满意。看到考试成绩不理想或者孩子本身有缺点,往往气急败坏,不是指责就是训斥;他们只允许孩子成功,不允许孩子失败;只告诉孩子要去跟别人竞争,要比别人强,不告诉孩子竞争的结果会有输有赢;不去告诉孩子一个人一生的失败要比成功多得多,要赢得起,也要输得起。

一次,我去北京市太平路小学的“家长学校”讲课,我告诉家长们,只要你的孩子今天比昨天有进步,你就要微笑着对他说:“太好了!”即使孩子失败了,你也要说:“太好了!你的成功有了新的起点。”

有位妈妈照我说的办法去做了,很见效。一天,她的儿子中午回来晚了,沮丧地对妈妈说:“上午听写生字,我错了很多。老师让我中午重写。”这位妈妈没有像以前那样劈头盖脸地数落孩子,而是微笑着说:“太好了!孩子,这次你能比别人多练一遍生字了!”孩子很惊讶地看着妈妈。没有想到,孩子这天中午把作业写得又快又好。这位妈妈由此大受启发,她认识到对于孩子的成长,鼓励比打骂更有效。

“太好了”表明父母对孩子的未来充满信心,这种亲情和信心,是孩子成长进步的动力。

北京市翠微小学六年级(2)班的金颐春同学就是在爸爸“太好了”的激励下进步的。他在给“知心姐姐”的信中这样写道:

一次,我小考失误,只得了81分,是全班倒数第一名。

我提心吊胆地回到家，心想：唉，这回准没好果子吃！

爸爸下班回来，看我愁眉不展的样子，关心地问："儿子，今天怎么啦？"

我心情紧张地走到爸爸跟前，小声说："爸爸，我这次考试只得了 81 分，是全班的倒数第……第一名。"说完，我偷偷看了爸爸一眼，心想：这回我得挨揍了。

可是，出乎我的意料，爸爸不但没责备我，反而说："太好了！反正你已经是最后一名了，你知道自己哪里不会就没什么可怕的了。下次哪怕考 82 分，也是进步呀！"我的心里一下子轻松了许多，飞快地跑进书房，写起作业来。

过了一个月，又一次小考，我得了 92 分，是全班的第七名。爸爸听了，高兴地说："太好了！你前面只有 6 名同学，争取超过他们！"爸爸的话给了我很大鼓励。

不久，学校举行百词测验。拿到试卷，我一点儿也不紧张。因为我知道，即使我考不好，爸爸也不会骂的。我全神贯注地答卷，答完后又翻来覆去地检查了好几遍才交卷。

公布分数了，我以 99.65 分的好成绩夺得全班第一名。我迫不及待地跑回家，把这个好消息告诉了爸爸。爸爸很得意地说："怎么样，儿子，我就说你行吧！"

听了爸爸的夸奖，我心里像吃了蜜一样甜。从倒数第一名到第一名，包含着爸爸对我的多少鼓励！我要永远记住"太好了"这三个字。

爸爸妈妈说出的"太好了"三个字，为什么对孩子会有如此神奇的作用呢？因为这三个字表达了父母对孩子巨大的信任，激励着孩子面对现实，靠自己的力量去克服困难，这样就调动了孩子自身的积极性，从而激发他们的潜能。这就叫"先接受现实，再改变现实"。有这种心态和思维方式的人，一生中不会

被任何困难和挫折打败，他总会有办法站起来，再重新开始，总是会想办法去解决遇到的各种问题，这样的人，不会失去成功的机会。

知心姐姐改变了一代家长的教育观念。

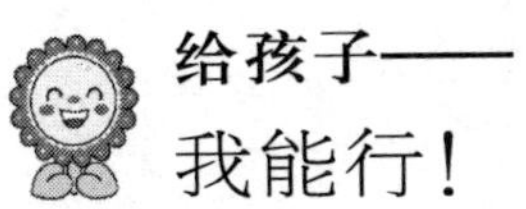

给孩子——我能行！

每一个人的心灵里都有两扇大门，一扇门叫“我能行”，另一扇门叫“我不行”。

走进“我能行”大门的人，在“我能行”先生的引导下，个个都充满自信，人人都有成功的体验，能够抬起头大胆地往前走，有勇气迎接风雨，乐于在困难中微笑。

走进“我不行”大门的人，在“我不行”先生的影响下，对自己没有信心，总是自卑地低着头走路，遇到一点困难就想往后退，即使成功的机会到来，他们也抓不住。

“我能行”和“我不行”就相差一个字，可意思却是完全相反的：“我能行”是成功者必备的心态，而“我不行”是失败者最重要的原因。

“我不行”是一种反面的负信息，是缺乏自信的表现。如果总用这种负信息来暗示自己，人的心理会处在一种非常消极的状态，使人本来能做的事情也做不成；而“我能行”是一种正信息，是充满自信的表现。如果总用这个正信息来调节自己，人就会非常积极，事情也就能做得更好。

“我能行”与“我不行”，虽然只是一字之差，却有着本质的不同。从小对自己说“我能行”的人，对自己总是充满信心，会不断地用正信息调节自己，这比在考试中取得很高的分数还重要。

相信自己行——哇，我能行！

香港小学生叔雨有一天趴在桌边，仔细观察蚂蚁搬蛋糕屑的全过程，发现蚂蚁的身躯虽然渺小，可精神很伟大。

叔雨是这样写的：

只见那可怜的小东西在桌面上蠕动着，好像很疲倦似的，我暗笑它无能。它不停地用触角小心翼翼地向四周探索，像要找什么东西，犹如一个猎人在寻找猎物似的。终于，它找到它的“猎物”——一块儿蛋糕屑。它认真地围着它心目中的庞然大物爬来爬去，好像为难了。忽然，有一只蚂蚁来帮忙了，可它们怎么搬也搬不动……它们把触角碰了碰，好像在发信号呢！不一会儿，一大群黑乎乎的蚂蚁排着整齐的队伍浩浩荡荡地爬过来。到了蛋糕屑旁边，它们立刻分散了。有的用头顶，有的用背托，旁边还有一只大蚂蚁，仿佛在指挥呢！很快，食物被架起来了，也向前移动了。当它们好不容易才把蛋糕屑抬到桌边时，我顿时产生了一个怪念头，我淘气地把蛋糕屑又放回桌子中心。我满以为那些蚂蚁一定会泄气，可出人意料的是，它们竟回来了，毫不犹豫地重新开始，好像不达目的决不罢休。我被它们感动了。

小蚂蚁都有它的伟大之处，何况我们人呢？

人是地球上最伟大的动物，是人创造了这个多彩的世界。人类伟大的力量，是由每个人的伟大之处组成的。所以你要相信，自己是很伟大的，就看你自己能不能发现！

有一位大作家曾非常肯定地说：“人人都是天才。”因为每个人都在某一些方面与众不同，甚至优胜于他人。大自然赐给我们每个人以巨大的潜能，等待我们去发现，去开发！你要相信，没有什么人是没有天赋的，那些认为自己没有天赋的人只是一些尚未开发出自己潜力的人。

要真正发现自己行，必须要经历一次战胜自己，挑战极限的考验。

1995 年 7 月的“手拉手”夏令营活动在河南省信阳市鸡公山全国少年儿童“手拉手”营地举办。那里气候炎热，条件艰苦，喝水、洗澡都很困难。学生们一进山，就有一些不适应。开营第一天的晚上，我开办了“知心姐姐”讲座，进行“我能行”的心理准备。我告诉营员们，遇到困难，自己坚持不住的时候，就冲着大山高喊“我能行”，为自己壮胆，给自己鼓劲儿。喊上两三遍，你就会觉得自己很有力量了。

夏令营的第二天，营员们到位于大别山区的河南省光山县王大湾手拉手希望小学，看望那儿的好朋友。那所小学是全国小朋友们用压岁钱捐助建立的第二所手拉手希望小学。学校建成了，可村头的一条河拦住了河东同学们上学的路，许多小朋友上学都要蹚水过河。于是，南京的少先队员卖废品积攒了 4.5 万元，准备帮这里建一座“手拉手友谊桥”。

营员们清早 5 点就出发了。汽车在没有竣工的公路上颠簸了 6 个半小时，不少同学在车上吐了，中午 11 点 30 分才到达王大湾。一大早就在校园等候的农村孩子们欢呼雀跃：“城里的朋友看我们来了！”当同学们各自找到不曾谋面的“老朋友”时，大家的高兴劲儿就别提了。

欢迎会是在校园里举行的。当时地面温度高达 40℃，同学们列队站在炎热的日光下，虽然头上戴着乡里赠送的草帽，仍然是大汗淋漓……

“别开了！快解散！有两个同学中暑了！”医生跑过来提醒我。我心里也在犹豫：开还是不开？当我看到满校园的农村孩子和老乡们那一双双充满热情的眼睛，又看看我带来的那些城里孩子们兴奋的神情，心里一热，我大声问道：“太阳光这么毒，大家还行吗？”

“我能行！”小营员们的回答震耳欲聋。

“建‘手拉手友谊桥’的劳动还去吗？”

“去！”小营员们响亮地回答着。这是孩子们战胜自己的声音啊！

在那种情况下，要是我说上一句“马上解散，屋里凉快”，队伍中可能有一半人就坚持不住了。“人生难得几回搏”，我确信这句话，所以我决心让孩子们也亲身体验一下“战胜自己”的快乐。

简短的欢迎仪式一结束，我宣布：“身体不舒服的留下，觉得自己能行的，跟我走！”因为村长告诉我，村民们已经在河边等候多时了。劳动一结束，就接孩子们去各家吃饭。没有退路，只能往前走。我安排两位有经验的老师留下照看个别中暑的同学，自己带队出发了。虽然我也很累，但我知道，同学们都看着“知心姐姐”，只要“知心姐姐”能行，他们也一定能行。果然，同学们干得十分出色，一张张小脸上热汗涔涔，一只只细胳膊都顽强地挥动着沉重的工具，他们抢着铲土、抬土、搬石块儿……

这一天，不仅孩子们热情高涨，就连那些扛“枪（摄像机）”和背“大炮（照相机）”的电视台和报社的记者们也加入了劳动队伍。虽然他们也是满头大汗，但连连不由自主地说：“太好了！我能行！”

经历了这次夏令营，许多同学都惊喜地发现——哇，我能行！

祝贺你能行——嘿，你真棒！

能发现千里马的人是伯乐，能发现别人长处的人是最能行的人。

如果你换一种心态，学会为别人的优点高兴，为别人的成功鼓掌，你就会发现你周围的每个同学都是奇迹！

每一个人都有一个神奇的大脑，都有一双能创造奇迹的手，但表现出来的才能各有不同：有的同学能写会画，有的同学能歌善舞，有的同学勤于思考，有的同学勤于动手……聪明的人善于取长补短，愚蠢的人嫉贤妒能，“我能行”的人会主动为别人加油，而“我不行”的人看谁都不行。

北京市光明小学在“我能行”教育中，提出了“让每一个学生都当半年小干部”的设想，改变“小干部”只是班里少数同学“专利”的局面，让所有的孩子都有机会戴“一道杠”“两道杠”，学会为大家服务。

有一次，五年级一个班召开“队长竞选会”。一个男同学涨红着脸，激动地请求：“虽然我各方面表现不太好，但我也想当个干部，为同学服务，请大家投我一票吧！”

面对这发自内心的呼唤，同学们报以热烈的掌声，一致同意这位同学担任小队长。从掌声中，这位同学听出了同学们热情的鼓励：“你能行！”当时，他激动得哭了。上任以后，他工作得很出色。

学校大队部还作出一条规定：如果哪位同学到了五年级还没有当过一次干部，可以到少先队大队部申述并自荐，由“组织安排”适当的岗位，保证让每个同学都有平等的表现机会。用校长刘永胜的话说：“让每个人都能在思想上相信‘我能行’，行为上表现‘我能行’，情感上体验‘我能行’。”

假如你是一个队干部，你愿意主动“辞职”，把自己的职位让给没有当过干部的同学吗？

假如你的同学在某个方面有了很大进步，甚至超过了你，你能真诚地向他表示祝贺吗？

假如面对一个缺点比较多的同学，你能主动跟他交朋友，寻找他身上的闪光点，给他爱的鼓励吗？

我想，你一定能做到。

你知道怎样给别人爱的鼓励吗？

请跟我做：把手里的东西放下，脸上带着微笑，目光充满热情，先鼓两下掌，再鼓三下掌，停顿一下，高声喊：“嗨，嗨！”然后有节奏地再鼓三下掌，伸出大拇指，高声喊：“你真棒！”

告别“我不行”——快，飞走吧！

“我能行”说起来容易，但做起来难。要在困难面前说一

句“我能行”，真要勇敢地战胜“我不行”才行。北京市翠微小学的赵菲同学经历了这样一件事，原来文静而且胆小的女孩子，变得勇敢了。

有一个冬天的晚上，赵菲跟随妈妈去单位洗澡。妈妈骑车，她坐车。上车时由于天黑，赵菲错看了公交车站牌，结果当车开到老山车站时才发现自己坐错了车。这时天已经完全黑了下来，下车了，只见眼前是一座光秃秃的山，也没有人家，马路边那盏昏暗的路灯随着风忽悠忽悠地摆着……赵菲顿时浑身冒出了冷汗，心也仿佛跳到了嗓子眼儿。怎么办？赵菲急得直想哭。忽然，她想起了《丛林余生》中主人公。“和那位主人公的遭遇比，这算什么，不就是坐错了车吗？她能一个人从大山里走出来，我也能想办法找到妈妈。”赵菲一边给自己打气，一边想怎么回去，“车站也不知在哪儿呢，干脆……”

她拔腿便向原路跑去，不一会儿就跑得满头大汗，腿也软了，嗓子也“冒烟”了，真想一屁股坐在地上歇一歇。可是，想到妈妈在工厂门口焦急等着自己的样子，赵菲在心里暗暗地给自己鼓劲儿：“妈妈等不着我该急坏了，我能行！我能行！”此时，脚下仿佛生了风……

见到妈妈，赵菲一头扎进妈妈怀里，一边摇着妈妈一边得意地说：“妈妈，我坐错了车，下车真吓人，可我没有害怕，我自己跑回来的。怎么样，我很棒吧？”

我在《中国少年报》的《做人与做事》专栏中开辟了“我能行”教室，设计了两个小人物：“我能行”先生和“我不行”先生。我们一直提倡，让同学们跟“我能行”先生交朋友，和“我不行”先生告别。

1999 年暑假，中国少年报社和中国文化扶贫委员会在鸡公山举行了“手拉手共话祖国50年”夏令营。这次夏令营，令同学们最难忘，也最觉得有趣的活动，是和“我不行”先生告别。

那天，是夏令营的最后一天，我们让营员们在一张纸上写下自认为“做不到”的事情、最害怕的事情和自己的弱点。

每个同学都绞尽脑汁地在纸上写着，谁也不让别人看到自己的“秘密”。写完以后，他们按照我们的要求，把这张纸叠成了小飞机。

我们把同学们带到营地“志气楼”二层的阳台上。

“让我们面对天空和营旗，大声喊：‘我不行’先生飞走吧！”我对同学们说。

“‘我不行’先生飞走吧！”

“‘我不行’先生拜拜了！”

“‘我不行’先生别再回来了！”

……

同学们大声叫着，笑着，“放飞”了手中的纸飞机，也仿佛赶走了自己的怯懦、不足。

飞机很快“着陆”了，80多架纸飞机“停”满了营地。

“把‘我不行’先生装进棺材！”我又发出命令。

同学们蜂拥跑下楼，把纸飞机“残骸”一个个地放进“棺材”——一个大纸箱中。

当夏令营的营旗降落的时候，营员们面对着营旗高喊：“我能行！”

突然，天空乌云密布，狂风大作，雷声一阵紧似一阵，暴风雨来临了。这场山雨来得急，下得大，大风把营地旁边的大树也都刮倒了。

城里来的这些孩子从来没有见到过这么大的风雨，但他们没有畏惧，而是高喊着：“太好了！”因为，他们觉得自己就是“我能行”先生。

大雨过后，小雨依然淅淅沥沥地下着。我们忽然想起了那一箱可怜的“我不行”先生。待我们冲出去寻找它们时，“我不行”

先生号飞机大部分已经真的“飞走”了，只剩下二十几架了。

我们仍然如获至宝，把它们抱了回来，并一张一张地打开看。

“今天，我要放飞我的‘我不行’先生，我没有勇气在公共场所露面，我要放飞它！”

“告别我的马虎、胆小、怕累、怕热。”

“让‘我不行’先生飞离我吧！”

“过去，我胆子很小，知了叫一声都会被吓一跳，腿还直发抖，做什么事都不行。‘我不行’先生，咱俩告别吧！”

“怕黑、怕虫子……请让所有的缺点都随着飞机永远离开我！”

“我的缺点是：挑食、怕登楼梯……我把这张纸折成小飞机，希望它能带着我的缺点越飞越远，飞向远方，永不归来……”

夏令营结束后，一位女孩儿的妈妈给我打来电话说：“我的女儿一回到家，就兴奋地告诉我，她的胆小、自卑都跟着‘我不行’先生飞走了！”

直到如今，只要我听到有孩子说“我不行”时，我的眼前就会出现那次放飞“我不行”先生的情景。我想对他们说，假如你也和我们去了鸡公山，参加过“放飞”活动，你一定会相信，你心里的“我不行”先生早已经被暴风雨冲走了。

“我能行”不仅仅是一句激动人心的口号，而且是对自己价值和能力的体验，有了这种体验、这种认识，才会产生自信。从小自信“我能行”，长大了你才有可能去创造人生的辉煌。

怎样才能做到“我能行”呢？北京市崇文区光明小学的同学们总结出了八句话，很值得借鉴：

相信自己行，才会我能行；

别人说我行，努力才能行；

你在这点行，我在那点行；

今天若不行，争取明天行；

不但自己行，帮助别人行；

能正视不行，也是我能行；

相互支持行，合作大家行；
争取全面行，创造才最行。

知心姐姐说，孩子就是大地，孩子就是太阳……

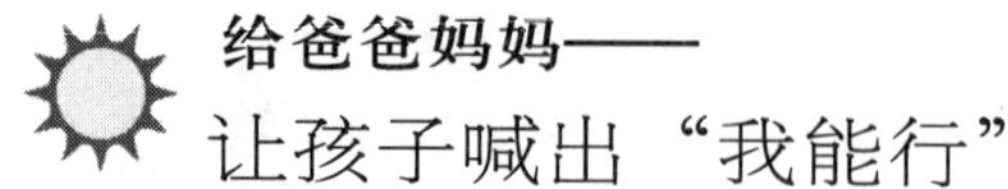

给爸爸妈妈——让孩子喊出“我能行”

今天的孩子是未来的主人。他们“行”与“不行”关系到中华民族的未来，关系到 21 世纪人类的兴衰。

我认为，“中国少年雏鹰行动”的灵魂是让每个孩子都喊出“我能行”。所以，在 1995 年 1 月全国少工委和中国少年报社共同举办的“五自”知识与技能电视大赛时，作为组织策划者，我将这次比赛冠名为“我能行”。

因为，一切技能的培养都在于让孩子觉得自己行。一个人今天学什么，明天学什么不是最要紧的，关键是要掌握学习的方法，要会学习、爱学习、有信心去做事。

我们是以冬令营的形式，将参赛的孩子集中起来，住在北京市的一所小学里。那里的条件不是太好，吃、住、行等都要自理。比赛分为实际生活测评和赛场竞赛。从小选手一下车，比赛就不知不觉开始了：比如乘车秩序、内务卫生、参观游览……全是考核内容。比如去世界公园，入园后没有老师带队，几个同学一组，自己设计游览路线；还有，每个人发几块钱，到商场买东西看谁买得好，考虑到了出厂日期、质量、价格等方面的因素。当然，我们对孩子们也采取了严格的安全措施，那就是，由解放军战士在暗中保护着他们。

尽管天气冷、时间短、内容多、组织工作难度大，但作为组织者，我们有一种从来没有过的轻松。来自全国 11 个省、市、自治区的 55 名中小学生，每天喊着同一个口号——“我能行”，处处用行动证明了，他们真的能行！

我们发现，“我能行”这三个字有着一种神奇的力量，它让那些平日在父母身边“软弱无能”的孩子变得能干了：

早晨，这些平时不爱叠被子的孩子，在武警教官的指导下，把床铺衣物整理得整整齐齐；吃完饭，他们把餐桌碗筷擦洗得干干净净；临走，他们把驻地走廊收拾得利利索索……

驻地学校的老师们感叹道，许多夏令营的孩子在这里住过，数这批孩子最棒！原因是什么呢？总结时，领队老师都说，是“我能行”这三个字发挥了巨大作用！过去搞活动，总觉得孩子这不行、那不行，怕他们出事，所以老师管得比较多。这次，因为是比赛，比的就是“我能行”，大人不许插手，反而显示出孩子们自身的能力。

通过这次活动，我感到，在家庭教育中，家长代替孩子做的事太多，给孩子实践的机会、成功的感受太少。如果有适当的机会和条件，其实每个孩子都很能干。孩子们的快乐是自己亲身实践获得的，绝不是花钱买来的。孩子真正的成功是自己经历挫折、战胜困难之后取得的进步，他会从中感到“我能行”。

许多孩子常常说“我不行”。这种意识有两个来源：一是源于自我，叫自我意识；二是源于他人，叫外来意识。有些家长就总觉得自己孩子不行。一位男生给“知心姐姐”写信说：“我想学游泳，我妈妈说，你不行，你从小体弱，下水会淹着的！我想学炒菜，我妈妈又说，你不行，会烫着手的！我想学骑车，我妈妈说，你不行，会摔着的……不行，不行，我什么时候才能行？”

这位妈妈看上去十分爱护孩子，可实际上是在害孩子。要是老对孩子说“你不行”，慢慢地，孩子就觉得自己真的什么都不行了。“我不行”在孩子的头脑中一旦扎下了根，孩子就会变得对做任何事都没有信心，会觉得离开了父母和老师寸步难行。

所以，首先只有父母相信孩子能行，孩子才能觉得自己“我能行”。

一个叫王卓赛的同学，对自己小时候“我能行”的体验记忆犹新：

记得小时候，妈妈带我到公园玩，我十分高兴，一

蹦一跳地向前行进。

灿烂的阳光照在绿色的大地上，美极了。我怀着强烈的好奇心，一会儿去追翩翩起舞的蝴蝶，一会儿又去逮嗡嗡采蜜的蜜蜂。突然，我被一块横在路边的大石头绊倒了，我趴在地上哭了起来，等着妈妈也像别人的妈妈一样，心疼地把我抱起来，再说上两句安慰的话。可是，妈妈没有那样做，她走到我身边，轻轻地对我说："跌倒了要自己站起来，你能行！"

"不嘛，不嘛！"我撒娇地说，"要妈妈抱我起来……"尽管我再三要妈妈抱我，可是妈妈却望望哭得眼泪汪汪的我，若无其事地走了。

我以为妈妈真的走了，便赶快爬起来，使劲儿去追妈妈。"妈妈，妈妈，我站起来了，你等等我！"

妈妈回过头来，把我抱了起来亲了又亲。啊！妈妈还是心疼我的！

事到如今，已经有好几年了，现在我终于明白了妈妈的用意：凡事相信自己能行，就一定能行，不要事事依赖妈妈。

王卓赛的妈妈真是个好妈妈，她能放开孩子的手脚，相信孩子"能行"，这是对孩子一生负责的表现。孩子跌倒了不去扶，而是让孩子自己爬起来，这是因为她知道，人的一生中跌倒的时候很多，能扶他一辈子吗？孩子考试考坏了，不责怪孩子，而是相信孩子经过努力还能考好，因为人的一生中要面临各种各样的考试，不能笑对失败，又怎么能笑着迎接成功呢？所以，我们做爸爸妈妈的，从小就要向孩子发出"我能行"的正向信息，放手让孩子去实践，让孩子亲身去品尝失败的滋味和成功的喜悦，这种经历，孩子一辈子都不会忘记。在孩子成长的过程中，家长要不停地、随时随地地鼓励孩子，不断强化孩子"我能行"这种积极向上的意识，帮助孩子树立信心。

在学校，孩子会参加各种比赛，之前家长要鼓励他："爸爸妈妈相信你一定能行！"如果孩子输了，哪怕是最后一名，家长也要鼓励他说："敢去参加比赛就是好样的！"让孩子赢得起也输得起，帮助孩子提高承受挫折的能力。

一个人的潜能是相当大的。美国一位数学家认为：人的大脑神经元总数有数百亿，因此人一生中大脑可记忆的信息量，相当于世界上最大的图书馆——美国国会图书馆藏书容量的3～4倍。所以，孩子的学习成绩一时上不去，我们做爸爸妈妈的不必太急躁，要耐心启发，只要你相信孩子能行，他就一定能行。

有个男孩子字写得很难看，低年级时老师常常说他笨，不如别的孩子有灵气。这孩子一点儿信心也没有了，字越写越差。三年级时，换了班主任。一次在孩子写得乱糟糟的一篇字中，老师挑出一个写得比较好的字，画了一个大红圈，并批了一个大大的"好"字。孩子兴奋异常，拿回家给妈妈看。这位妈妈也兴奋地说："我早就说你行的！你瞧这个字写得多好！"从那天起，孩子自信了起来，迷上了练字，后来写得一手漂亮的字。

在这方面，我可以自豪地说，在我的成长过程中，获得的正面信息比较多，所以从小就充满了自信。这一切，都要感谢我的母亲。

我从小爱画画。5岁时，我照着妈妈养的大公鸡用水彩画了一幅画，在北京市幼儿园画画比赛中得了奖。当我拿着奖品——5张彩纸回到家时，妈妈高兴地抱起我说："太好了，孩子！我知道你能行，你画的大公鸡比我养的那只还漂亮！"从此，我对美术产生了兴趣。当我每次画好一幅画，第一个跑过来欣赏的就是妈妈，她总是说："太好了，你真行！"

可是，今天我身边的孩子得到的信息又是什么呢？大人们常常指责自己的孩子："太笨了！""太糟了！""太不争气了！""太没出息了！"……孩子们整天在这样的负面信息中长大，他们的才能被自己最亲的人忽视，无形中给自己下了"我不行"的定义，于是他们就真的不行了。

现代京剧表演艺术家盖叫天曾经说过："天下没有不行的事。自幼我们便是打这'不行'中锻炼出'行'来的，这叫'练行的'。凡事总要有信心，老想着'行'。要是做一件事，还没做就担心着'怕不行'吧，那就没有勇气了。"

主宰命运的，是勇气，是自信，而这种勇气和自信要从小培养。当"我能行"成为一种信念，随着时间悄然沉淀在孩子心底的时候，他们就会真正成长起来了。

知心姐姐与孩子们再度相逢。

给孩子——
你有困难吗？我来帮助你！

一个小学生曾经认真地问我："一个人要怎么样才能快乐？"我告诉他说："帮助有困难的人。""为什么呢？"他问。我说："助人为乐嘛！"他笑了，说："那只不过是个词语。"我说："不，那是真理。帮助别人的确是一种快乐。"

"助人为乐"这四个字，蕴涵着人世间最真最美的意义。"助人"为什么会快乐呢？因为可以从帮助别人的过程中发现自己的生存价值。由于你的帮助和付出，使别人的困难得到解决，把别人的不方便变成了方便，这是一种成功的体验，你一定觉得自己"还有点用呢"！正像大文学家歌德所说的那样："你若要喜爱你自己的价值，你就得给世界创造价值。"

受助的快乐

一个满怀着爱心的人，能够随时发现别人的困难，并且能把帮助别人解决困难当作自己的责任。能够在生活中遇到这样的人，是一种幸福。

一次，我独自赴云南省丽江地震灾区采访。那时，我骨折了的右脚刚好，又拎着一个笨重的没有轮子的箱子乘坐飞机。不巧的是，上飞机时需要在停机坪走上一大段的路程。我走几步，便停下来歇歇，还在担心着刚刚好了的右脚。

"如果有人帮我一下就好了！"这个念头刚刚从我脑子里闪过，耳边就传来一声关切的问候："您需要帮助吗？"说话的是一位文质彬彬的年轻人，一定是走过我身边时看到了我的困境。

我心里一阵感激，不由自主地坦白说："我需要帮助！"

这位先生二话没说，拎起我的箱子就朝飞机走去。来到机舱门口，他又问我："您在哪一排？"

"23 排。"我回答。

于是，箱子被放在 23 排的座位旁边。而我连句感谢的话都没有来得及对他说，这位先生已经穿行在机舱拥挤的人流中了。

在这次旅途中，"您需要帮助吗"一直在我耳边回荡着，心里也有一股暖流在流淌着。我想，如果每一个有困难的人，都能听到这样温暖的话语，得到及时的帮助，那么人与人之间的关系将会变得多么和谐啊！

这件事，给我留下非常深刻的印象。我想，快乐的人生不就是在帮助人和互相帮助中体会到的吗？于是，"快乐人生三句话"里"你有困难吗？我来帮助你"成为最重要的一个内容。

助人多快乐

"助人为乐"，说起来简单，但要体味到"乐"却并不容易。这种习惯要从小培养，这种心态也要从小体会。

人们常说："种瓜得瓜，种豆得豆。"在你心灵这片土地上，从小播下"助人为乐"的种子，长大后，就会关心别人的疾苦，多为他人办好事，体验到人生的快乐；如果种下"自私自利"的种子，长大后只会注意自己的事，怎么能在社会上有所作为，又怎么能获得快乐呢？

现在，社会上流行这么一句话："有困难找民警。"可是，在北京市第一师范附属小学六（2）中队里，同学们常说的一句话是："有困难找子贺。"

子贺就是六（2）中队的中队卫生委员周子贺。周子贺长着一个大大的脑瓜，耳朵和嘴巴也是大大的，看上去一副憨憨实实的样子，他对人、对事、对学习也确实有那么一股实在劲儿。"我能行！""我来干！""我帮你！"这些话他常常挂在嘴边。

班里总有一些爱丢三落四的同学，不是今天忘了带这个，就是明天忘了带那个，十分影响学习。起初，好心又细心的子贺常多带上几件同学们容易忘记的东西，借给他们用。为了更好地解决这个问题，周子贺做了一个“子贺万能袋”，放上同学们常用的钢笔、铅笔、橡皮、尺子、毛巾等，真是应有尽有，为同学们解决了不少问题呢！为了让那些爱忘事的同学也养成好习惯，子贺在每件东西上都要写上一些“你又忘了，刮你鼻子”“下次要记得带上哟”等等非常有意思的忠告，慢慢地，同学们也就记住了，丢三落四的毛病也改了。

周子贺最爱干的活是午饭时为同学们分饭菜。热腾腾的饭菜一端进教室，子贺就拿着饭勺，你一勺，他一勺地分起来。看到同学们狼吞虎咽地吃着香喷喷的饭菜，子贺心里甜滋滋的。可是，轮到子贺吃的时候，饭菜早就凉了。有一次午饭吃的是红烧排骨，一人一块。班里有个挺能吃的同学，几口就把自己分得的那块吞了下去。接着，他又眼巴巴地看着菜盆里剩下的排骨。可是，菜盆里只剩下一块排骨了，那是属于子贺的。“给，这儿还有一块！”子贺看到这个同学还想吃，就毫不犹豫地把自己的那块排骨也让了出去。虽然子贺没有吃到香喷喷的排骨，只能一个劲儿地咽口水，但他心里却有一种说不出来的高兴。

周子贺同学把帮助别人解决困难当成自己的快乐，所以他就比别人更快乐。同学们喜欢周子贺，选他当上了北京市崇文区的“十佳少先队员”。

周子贺的故事让我们明白这样的道理：你把最好的给了别人，就会从别人那里获得最好的回报。你帮助的人越多，你得到的也会越多；你越小气，就越一无所有。

手拉手交朋友

在“手拉手”互助活动中，许多同学已经尝到了助人的快乐。一句“你有困难吗？我来帮助你”使许多同学变得爱帮助人，从此有了新的朋友，而且生活得更加愉快和充实。

河北省唐山市韩城镇的陈欣同学说：

我这个人最讨厌别人要我帮助，有人要我帮助，我要么把他赶走，要么不理他。前几天，老师留的数学作业有点儿难，一个同学来问我，我忙闭上眼睛，不说话。他又问了一声，我听了，眯着眼，有气无力地说："走走走，我还不会呢。"那位同学不高兴地走了。

开始，我认为这样做很"聪明"。但前些天看了《中国少年报》，我才觉得自己是一个"大傻瓜"。因为我这样做，没人会和我交朋友，等我请求别人帮助时也没人会理我。于是，我改变了心态，乐于助人了，我的朋友多起来。从中，我感受到了帮助别人的快乐。

13 岁的邓丽莉，是江苏省武进市湖塘桥实验小学六年级的学生。由于家境比较富裕，丽莉从没体会过生活的艰辛和困苦。因此，1995 年暑假的经历成了邓丽莉难忘的记忆。

那年，邓丽莉参加学校的"手拉手考察团"，到了安徽大别山区金寨县希望小学。当她到"手拉手"朋友詹洋家做客时，她震惊了：詹洋家的房子是用泥土和茅草建造的，屋里黑洞洞的，除了破旧的桌子和床外，再没有一件像样的东西了；同岁的詹洋长得又瘦又小，个头比自己矮了一大截。

詹洋的家里很穷。为了挣学费，詹洋要常常去砖窑帮忙挑砖坯。从山脚下把砖坯挑到半山腰的砖窑，一趟挑 6 块，一块 2 分钱，每天挑 10 趟，可以挣 1 元 2 角钱。詹洋那瘦小的身体，是怎么完成这么艰苦的劳动的啊！

看到这些，丽莉的心里沉甸甸的。她掏出 50 元钱放在詹洋妈妈的手里，真诚地说："阿姨，以后我会帮助詹洋的。"

回来以后，丽莉像变了一个人。她不再吵着要妈妈买新衣服了，也不再挑食和吃零食了。整整一个暑假，她没有吃一根冰棍，用省下来的 300 元钱，买了文具、衣服，寄给了詹洋。她还经常给詹洋写信，鼓励詹洋用功学习；詹洋的每一封回信，丽莉都认真地读上几遍，还要指出错别字。在丽莉的帮助下，本来学习成绩不太好的詹洋，成绩提高了很多，还被选为中队委员。

1996年6月1日，是邓丽莉终身难忘的一天。她作为全国“手拉手好少年”代表，和好朋友詹洋一起到北京参加了全国“手拉手”互助活动汇报团。在中南海里，他们受到了时任中共中央政治局常委、书记处书记胡锦涛伯伯的亲切接见。胡伯伯还在邓丽莉的本子上写下了“开展手拉手，学做接班人”几个字。

邓丽莉说：“‘手拉手’活动，使我结识了许多朋友，让我从小窗口看到了大世界，学到了课堂上、书本里学不到的东西。”

“你有困难吗？我来帮助你”虽然是简简单单的一句话，却表现出对别人的一份关心、一份爱心，表现出现代人高尚的情操。

如果你能把这句话作为自己的行为准则，我想你的朋友一定会很多很多。

试试看，好吗？

给爸爸妈妈——
让孩子从小学会关心

尊老爱幼，一直是中华民族的优良传统。早在2000多年前孟子就说过："老吾老以及人之老，幼吾幼以及人之幼。"意思是说，尊敬自己的老人，并用这样的态度对待别人的老人；爱护自己的孩子，并用这样的态度对待别人的孩子。

今天，我们的国家已经悄悄地进入了老龄社会，老年人生活中面临的困难越来越多。社会上更多的人在关注孩子，却忽视了对老年人的关注。让孩子学会关心，不仅要让他们学会关心同龄的有困难的小伙伴，更要让他们学会关心身边的老年人。

作为晚辈，应该如何关心自己的长辈呢？

我听说，有个女孩子从小娇生惯养，妈妈买了好吃的，总是第一个给她吃。一天，姥姥来看外孙女。妈妈又买来了好吃的，这次是先给了姥姥，这个孩子便大哭大闹起来，甚至骂姥姥"贪心"。姥姥很伤心：自己含辛茹苦养大了女儿，又带大了外孙女，如今却得到这样的结果。

过年过节，是最能考验孩子们对老人们的爱是不是真诚、是不是深刻的时候。

一次，我应邀参加中央电视台《相约夕阳红》节目的录制，讨论的话题是"压岁钱"。

在场的大部分是老年人，还有少数的年轻父母和孩子。

谈起小时候得到压岁钱的情景，许多老人脸上洋溢着幸福的微笑。一位老奶奶说："小时候盼过年。年三十晚上，当我们睡着了的时候，爸爸妈妈就把一枚铜板（当时流通的货币）用红纸包上，压在我的枕头下。大年初一的早上，我睁开眼睛就能摸得到。钱虽不多，却饱含着长辈的期望。"

但是，谈到今天孙子孙女要压岁钱的情景，许多老人充满了痛苦和焦虑。“唉，现在的压岁钱变味了！”一位老奶奶说，“我的小孙子才 4 岁，大年初一来拜年，匆匆鞠了个躬，就大声说，奶奶，拜年给钱！瞧他妈妈怎么教的！”

还有几位老人说：“现在孩子用压岁钱的多少来衡量老人的好坏，孙子把给钱多的叫‘好爷爷、好奶奶’，把给钱少的叫‘抠门爷爷、抠门奶奶’。”

“现在一过年，我们做老人的就十分紧张！”

一位老奶奶流着泪说：“过年前，我的孙子对我说，奶奶，过年您给压岁钱一定要给‘四个脑袋’（第四套面值为 100 元的人民币），不是‘四个脑袋’的您就别往外掏了。我有 5 个孙子，只好拿出了 500 元钱，可第二个月我就没有生活费了，因为我的退休金只有 500 元！”

老年人，是对我们这个社会作出过贡献的人，在他们有能力的时候，他们把自己的青春年华奉献给了我们的国家，共和国的大厦正是他们用辛勤的劳动甚至是生命建造起来的。今天，他们年纪大了，没有劳动的能力了，全社会就应该关心他们，有能力的人就应该照顾他们，让他们幸福地度过晚年。

带着我们的孩子，去关心照顾我们的老人，是对孩子最好的教育。这方面，我有切身的感受。

我的父母都是 80 多岁的老人，平日是我们兄妹轮流来照顾他们，逢年过节，我们兄妹都会带着自己的孩子，和老人欢聚。大家抢着买东西、抢着干活。孩子们也不例外，人人都可以找到劳动的岗位。

之后，我 87 岁的老父亲过世了。父亲去世的那天，我很晚才回到家。一进家门，在中学读书正准备考试的儿子马上关切地问我：“姥爷呢？”

“在医院里。”我怕影响他考试，没有把实情告诉他。

“姥姥呢？”儿子接着问。

“在家里。”我含着泪走进自己的房间。

第二天，我去看望母亲，告诉了她这件事。母亲批评我说："你应该把实情告诉他，他已经长大了！"

晚上，我对儿子说："姥爷昨天已经'走'了。"

"我已经知道了。"儿子的话让我很吃惊。

"谁告诉你的？"

"今天早上6点多，我骑车到医院去过了，姥爷的床已经空了。旁边病床的大爷告诉我，姥爷昨天一清早就'走'了。"儿子说完，又含着泪补充了一句，"我没有耽误考试。"

眼泪忍不住涌出眼眶，我失声痛哭起来。我为自己失去了父亲而伤心，也为父亲有这么一个懂事的外孙而欣慰。

自从我父母相继过世后，我发现儿子对我更加关心了。后来他上了大学，每次打电话回家，听到我的声音有一点儿异样，都会关切地问："妈，您是不是不舒服？"我的姐妹们也说，孩子们在我们一起关心、照顾老人的影响下，学会了关心他人，变得懂事了。

共同的话题一

阿基米德曾经说过："给我一个支点，我可以撬起地球。"对于一个人来说，改变一生的支点就是良好的心态。

一个人就是一个独特的世界。如果你想改变你的世界，首先就要改变你的心态。

用"太好了"的心态去对待事情，你会发现自己的脸上总是挂着微笑，因为生活就是一面镜子，你对它怎样，它就会对你怎样。

用"我能行"三个字来激励自己，你会找回人最宝贵的精神——自信。你不但学会了发现自己，更懂得肯定自己和鼓励自己。正像一位作家讲的那样："一个拥有知识的人，不一定能走远，而一个拥有自信的人，却能走遍海角天涯。"

用"你有困难吗？我来帮助你"去对待别人，你会得到更多的朋友。当你留心发现并了解了别人的困难，你便获得了一种生命的智慧；当你力所能及地帮助了别人，你会感到一种从未有过的快乐，你会体验到人生的价值。你也许付出了时间、智慧，但却收获了更可贵的友谊。

使用“快乐人生三句话”，你会发现：周围的老师同学没有变，学校的环境没有变，家里的成员没有变，但由于你的心态发生了变化，你看身边的一切时，心情都会变得快乐起来，开朗起来。使用“快乐人生三句话”的爸爸妈妈们也会发现，孩子还是原来的孩子，家庭还是原来的家庭，可孩子却变得更懂事、更可爱了，家里的气氛也变得温馨，和谐了。

你愿意拥有一个快乐的人生吗？那就请你在生活中常常使用“快乐人生三句话”吧！最后，让我们一起大声说一遍：

“太好了！”

“我能行！”

“你有困难吗？我来帮助你！”

第二章
责任感帮你长大

给孩子——
自己的事情自己做

从你背起书包上学那天起，你就从一个幼儿园的小朋友变成一名小学生了，于是你就有了一个当学生的责任。老师会告诉你一句话：自己的事情自己做。你做得怎么样？先别急着说“好”或“不好”，请先听我讲两个小学生的真实故事。

一群美国中小学生利用假期到中国生活了几天，他们吃住在中国居民家里。戴瑞是最小的一个，刚刚 11 岁。她给中国学生印象最深的是那个与她年龄不大相称的大背包。一天，游天坛公园时，同行的一名中国学生想助人为乐，便走过去对戴瑞说：“我帮你背包吧！”不料戴瑞睁大双眼，疑惑不解但又彬彬有礼地说：“谢谢你！自己的东西应该自己拿呀！”其实戴瑞的父母和兄长就在她身边，而且他们各自背的包要轻巧得多。一位中国记者问戴瑞：“外出都是自己拿东西吗？”她微微一笑点点头。这天，她背着足足有三五公斤重的包，但仍玩得很开心。

听到这个美国小姑娘的故事，不由得让我想起亲眼见到的一位中国女孩，她也是 11 岁。

那是一个冬天的早晨，雪下得很大。我在马路边见到一位女生，她坐在路边草坪的护栏上，伸着腿，叉着腰，指着马路上正在对为她打的的父亲喊着："快一点！你要是叫不着车，我迟到了怎么办？！"只见她那可怜的爸爸，一手抱着女儿的书包，一手不停地挥动，满头大汗，不停地跑前跑后……

我真想上去问问这个女孩子：上学究竟是谁的事？迟到了应该由谁负责？

中美两个同龄女孩子强烈的对比，使我感慨万千。自己的事情能不能自己做，也许是下一代竞争的起跑线！

如果你是一个有责任感的人，你会明白，上学是自己的事，爸爸妈妈没有义务替你包办一切。每天早晨闹钟一响，你就应该马上起床，再困也要起来，准时去上学。遇到刮风或雨雪天气，你就应该提早起床，早一点出门，坐不上车，走也要走到学校，决不能迟到！这一切，你不能依赖爸爸妈妈，把责任推给爸爸妈妈，因为你应该知道："我是学生，上学是我的责任！"

如果你是一个有责任感的人，自己的事一定会自己做，不让大人代劳。你自己的书包、书籍、玩具等物品自己整理，自己的房间自己打扫，自己的被褥自己收拾。你应该常常对要帮忙的妈妈说："这是我自己的事，我自己来！"

如果你是一个有责任感的人，一定会在家设立自己的劳动岗位，如洗碗、扫地、取牛奶……即使父母为了让你多一点时间学习，对你说："你去念书吧，家里的活儿不用你干！"你也应该坚持说："我是家里的一员，干家务也有我的一份责任！"

给爸爸妈妈——让孩子自己决定

在漫长的人生道路上，人们会遇到许多十字路口，随时都要面临选择。选择得正确，就会抓住机会，走向成功；稍一犹豫，机会就会与你擦肩而过。

选择是一种能力。这种能力是从小培养的，因为选择是建立在对自己负责的基础上的。

我的一位女友，回忆起她5岁时的一件事：

那是一个炎热的夏日，妈妈带她出去玩。她渴了，让妈妈给买酸奶和饮料。妈妈说："可以，但只能买一样，是买酸奶，还是买饮料，你自己选择。"

她站在酸奶和饮料前，犹豫了好一会儿，最后决定买从未喝过的酸奶。谁知，一股很不习惯的味道，使她刚刚喝了一口就吐了出来："太难喝了！"

妈妈什么都没有说，拿起这瓶酸奶喝了下去。她呆呆地站在饮料前，渴望妈妈再给她买一瓶饮料，可是妈妈就是没有给她买。

我的这位女友说："这件事我总忘不掉，它让我明白，自己要对自己的行为负责，以后再选择什么时，我就慎重多了。"

这位女友的故事使我想起一位大画家教育女儿的故事：

有一次，女儿上学迟到，怕老师批评，坐在车里哭，央求爸爸陪着进教室。女儿想的是：爸爸是小有名气的画家，看在爸爸的面子上，老师也许就不会责骂自己了。这位画家给了女儿两个选择，一是自己进教室，另一个就是立刻回家。"要知道，你今天不想面对的，明天还是一样必须去面对。"于是，女儿自己走进了教室。

自己的行为，就要自己负责。家长这个观念的树立，对成长中的孩子有重要的影响。

我们做父母的，在对待孩子的事情上常常是“帮你没商量”，主观地为孩子作决定，结果往往事与愿违。

就拿孩子上兴趣班来说吧，有的家长常常“自作主张”为孩子报名上兴趣班，可孩子却一点也不愿意领家长这个情，因为孩子一点这方面的兴趣也没有。

一天，我去北京市一所重点学校开展活动。一个叫文静的小女孩满脸愁容地对我说：“我妈本来让我上了三个兴趣班，学校一‘减负’，我妈又给我加了两个兴趣班，我都快烦死了！”

我想，这位妈妈的初衷也不是让孩子“烦死”，而是想让孩子多学几种本领，以便将来不会被社会淘汰。但是，她的做法却是错误的，她没有征得孩子的同意便自顾自地为孩子作决定，孩子会高兴吗？孩子不愿意去做的事，你非让孩子去做，孩子能做好吗？

我儿子在上中学时，自己报考了学校的军乐班，想吹大号。我不太愿意让他去，觉得吹大号将来不会有什么用处，反而会耽误学习。可儿子说：“您不是‘知心姐姐’吗？能不能先去我们学校看看，调查一下再表态。”我想，对呀，“没有调查就没有发言权”嘛！

开学前，我去了学校。那是一个“赤日炎炎似火烧”的中午，军乐班的学生们就站在操场上。队列中，胖胖的儿子被晒得满头大汗，却擦也不擦，只是笔直地站在那里。我知道，他是在“表现”给我看——他喜欢吹大号，甚至不怕任何困难。

休息时，当着乐队老师的面，我问儿子：“你真的喜欢吹大号？”

“是的。”

“学吹大号很苦，你也许会遇到很多问题……”

“我知道。有苦我自己吃，有汗我自己擦。”

“好，我同意了。但你要努力啊！”儿子的话感动了我。

就这样，儿子开始利用课余时间学习吹大号，一直吹了6年，后来，竟然还成了北京市金帆乐团三团的首席大号。他在大学里，还是学校乐队的骨干呢！

我暗暗佩服儿子的毅力，也从中悟出这样一个道理：把选择的权利交给孩子，孩子就会对自己负责，就会做出让你也觉得吃惊的成绩来。

知心姐姐的话总是鼓舞人心。

给孩子——生日，父忧母难日

在爸爸妈妈心里，孩子的生日总记得一清二楚。孩子过生日，爸爸妈妈四处奔走，买生日蛋糕、生日礼物，有的还要请客吃饭……

有一次，一位妈妈告诉我："我的儿子每年过生日，全家人都要买很多礼物送给他。孩子 12 岁了，我给了他几百元钱，让他自己准备，并告诉他，生日那天，爷爷奶奶、姥姥姥爷都会来为他祝贺生日。结果我没想到，这孩子把所有的钱都买了玩具，四位老人大老远跑来，竟连一块蛋糕都没有吃上。"

讲这件事时她很伤心："这孩子，心里根本就没有我们！"

在报社开展一次"知心姐姐"咨询活动时，我曾问同学们："谁知道妈妈爸爸的生日？"场上举手的人寥寥无几。

后来，我和徐惟诚先生谈起这些事，他对我讲了去日本访问时的见闻：他们在访问日本时，在日本大学生中作过一次调查，被调查的日本大学生人人都记得父母亲的生日，而在那里学习的中国留学生却记不清。

在日本，儿子把自己的生日称为"母难日"，自己过生日那天要请母亲吃饭，向母亲鞠躬。

其实，中国古代早就把生日称为"父忧母难日"。在大家熟悉的《西游记》里，黑熊怪过生日请客，发出的请柬上面就写着："大王华诞，明日母难。"

为什么要把生日称为"父忧母难日"呢？因为妈妈在孕育你生命的近一年的日子里，是那么小心翼翼，那么辛苦；你出生那一天正是你妈妈最痛苦的日子，也是爸爸最着急的日子；你出生后，爸爸妈妈一口水、一口饭将你养大，花费了许多心血。这叫

养育之恩，所以我们应当承担起对父母的责任。

有个男孩子，懂得了“每一个有良心的孩子都要回报养育之恩”的道理后，过生日时，不再吵着向父母要好吃的、好玩的，而是去问妈妈：“我是怎样长大的？”

妈妈告诉他：“你小时候我的工作很忙，是姥姥把你养大的。”

男孩子很受感动。当他听说姥姥60岁的生日就要到了，便利用课余时间，悄悄地折了60只纸鹤。姥姥过生日那天，全家人都去祝贺，有送生日蛋糕的，有送钱送物的……男孩子一直不动声色。等大家都向姥姥表示了生日祝贺，男孩子跑到姥姥跟前，把纸鹤串起的花环戴在姥姥的脖颈儿上，并亲吻了姥姥。姥姥感动得哭了，她说，这是今天她得到的最珍贵的礼物！

一个有责任感的孩子，一定会牢牢记住父母的生日，父母过生日那天，会送上一份自己亲手制作的礼物，写上一句知心的话，因为他知道，没有父母就没有他。

一个有责任感的孩子，一定会十分关心父母，主动帮父母做事，因为他明白父母的辛苦，明白父母的全部希望都寄托在自己身上。

一个有责任感的孩子，过生日时，一定会以自己特有的方式感谢爷爷奶奶、姥姥姥爷，因为他知道，长辈把自己抚育大有多么不容易。

我们的国家已进入老龄化社会，孝敬老人是我们每一个做子女的应尽的义务。在这方面，福建省福州师范附属第一小学的同学们就做得很好。有一次我去这所小学采访，校长向我介绍了他们学校几年来坚持开展“小学生孝敬父母道德启蒙教育”的情况。队员们自觉按孝敬父母“五要”“五不要”去做，开展了“星星知母心”“敬重父母，听从教导”等主题队会，人人成了好孩子。

这里，我把“五要”“五不要”的内容介绍给你，希望你也这样做。

五要——

1．要了解父母。记住父母的姓名、年龄、生日与工作单位，知道父母工作的职务与内容，他们平时的兴趣与爱好。

2．要亲近父母。在外出或到家时跟父母打招呼。跟父母一起活动，讲述自己的见闻、欢乐与烦恼。

3．要关心父母。在父母疲劳或生病时主动问候，端水送药；在父母生日或取得成绩时热情祝贺。

4．要尊重父母。听从父母教导，珍惜时间，勤奋学习，爱惜学习用品，在学习结束后自己整理书包，收拾桌面。

5．要体贴父母。平时能自己动手穿衣，洗头，洗澡，洗小件衣服；帮助父母收拾房间，洗刷餐具，倒垃圾，上街买小件用品。

五不要——

1．不要影响父母的工作与休息。在父母忙或休息时不去纠缠，打扰。

2．不要惹父母生气。跟父母说话不高声叫嚷，不故意哭闹。

3．不要顶撞父母。虚心听取父母的批评或教导，认真改正错误，不发脾气。

4．不要独占独享。不能只顾自己的兴趣与爱好，不能忘记父母的需要。

5．不要攀比享受。不要常向父母索要零食、零用钱，不浪费一切有用的东西。

给爸爸妈妈——一切全靠你了

有一次，一位在中央机关担任领导职务的朋友对我讲了这样一件事：

> 我的儿子是中学生，过去在家什么事都不关心，他的母亲很伤心。几年前，组织上派我去外地一个城市当市长。上任离家那一天，我十分郑重地对儿子说：“我的妻子身体不好，我走后就全靠你照顾了！每天晚上睡觉前请你关好门，关好窗，关好煤气……拜托了！”作为父亲，我的“拜托”让儿子十分诧异，但他还是认真地点了点头。一年后，我从外地回到家时，妻子激动地告诉我：“你走后儿子突然长大了，懂事了，对我十分关心，尽职尽责，每天晚上按时关门，关窗，关煤气……”

孩子为什么变了？因为他得到了信任。信任能使一个人产生强烈的责任感。

有些父母埋怨孩子自私冷漠、不会关心人，其主要原因是父母管得太多了，除了学习，其他什么事情都不让孩子干，这实际上是对孩子不信任。

作为一个男孩儿的母亲，我觉得要培养儿子的责任意识，当妈妈的不妨表现得弱一些，给孩子创造显示本事的机会。在生活中遇到我确实不善处理的事情或问题时，我便对儿子说：“一切全靠你了！”他在爽快地答应的同时，总会流露出一种作为男子汉帮助母亲、保护女性的自豪与得意。现在，家里修电器、搬东西等技术活儿和力气活儿基本上都由儿子包了。

我的80多岁的老母亲病重，送医院抢救那天正好我出差在外。正放暑假的儿子得知后，马上将姥姥送到医院。接连几天，他都在医院“值班”，精心地护理、照顾姥姥，同病房的人都夸他孝心难得。

“一切全靠你了！”这简单的一句话，道出了家长对孩子的高度信任。想一想，我们成年人在赢得别人信任时，都会格外地发挥自己工作的潜力，更何况是未成年的孩子呢！

知心姐姐和妈妈、儿子幸福地在一起。

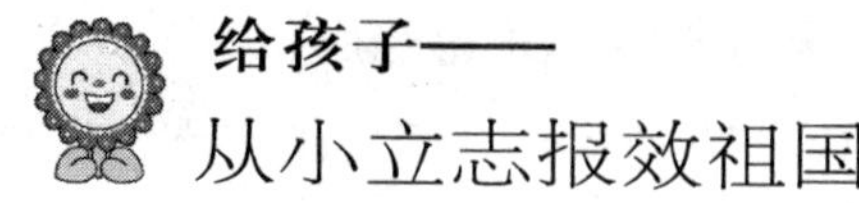

给孩子——从小立志报效祖国

小孩子最崇拜英雄。

当我们清点英雄名册的时候，眼前忽然亮起一颗辉煌的星辰。他的身躯化作了荆州原野上高高的白杨，他的笑声融进了长江滚滚不息的涛声中……他就是广州军区塔山守备英雄团一名光荣的士兵，他的名字就是李向群。

在 1998 年的抗洪抢险壮烈牺牲的英烈中，年龄最小的就是李向群。他牺牲时只有 20 岁，入党刚刚 8 天。为了表彰他的先进事迹，时任国家主席的江泽民称他“用生命谱写了壮丽的人生凯歌”、“英名将永远铭记在人民的心中”！

为了寻找英雄李向群的人生路，我来到了李向群的家乡——海南省，采访了他的父母、老师和同学，听到了一个个关于李向群的感人的故事。

李向群从小生长在海南大特区，是改革开放的同龄人。他的爸爸是一个拥有百万资产的个体企业家，家里有 5 部汽车跑运输，还有个制衣厂和两个服装批发店。

从小父母就告诉李向群，有了改革开放的好政策，才有了我们今天的好日子，家富莫忘报国。这些话向群牢牢地记在了心里。

向群十分爱学历史。一次，读到鸦片战争、八国联军入侵，中华民族蒙受耻辱时，向群对历史老师说：“读了这段历史，让人非常气愤。老师，我一定好好学习，长大报效祖国，我们这一代要为祖国书写新的历史。”

初中毕业前夕，李向群所在班召开了一次谈人生、谈理想的主题班会。

李向群走到黑板前，对大家说：“我从小就喜欢看打仗的电影、电视，每当看到解放军打了胜仗时，我就会跳起来，很佩服解放军叔叔的勇敢和坚强。毕业后，我要去当兵，报效祖国！”同学们听了，都使劲儿地为他鼓掌。

1995年，李向群第一次报名参军，因身体不够格，没被批准。以后，他天天早起练长跑，加强身体锻炼。第二年，征兵的日子又到了，李向群第一个去报名，终于被批准入伍。

入伍后，李向群在日记中写道：“有人认为我是富家子弟，不去当‘小老板’来当兵有点奇怪。我认为当兵是尽义务，报效自己的祖国是每个公民的责任。”

正是这崇高的责任感，使李向群成为一个爱做好事的好战士。他在日记中写道：“为富有仁。这个仁，讲小点，就是多做好事，做善事；讲大点，就是为国分忧，为国效力。”

李向群的家庭每年收入颇丰，可他到部队后，却给自己订了一个“10元钱计划”：每月只花10元，其中牙膏1.5元、香皂2元、洗衣粉1.5元、卫生纸1.5元……

李向群牺牲后，指导员在清理他的遗物时，发现除了留给群众的几瓶矿泉水、一支倒毛的牙刷和三双打着补丁的袜子，竟没有留下一分钱。

指导员非常纳闷：“李向群的钱哪儿去了？”

“排长李湾清家里遭受不幸，李向群将攒下的400元钱悄悄给他家寄去了。”

“老兵退伍时，他给老兵捐了80元。”

“在沅陵施工时，他捐了130元，使一个失学儿童重返校园。”

“战友龙成国家受了灾，他一次寄上了两个月的津贴。”

……

指导员给他算了一笔账，李向群当兵期间，共领津贴830元，除了必要的生活和学习开支，省下的津贴和家里带来的钱，全部捐给了有困难的战友和群众，共计1030元。

战友们说，在李向群身上，既有董存瑞、黄继光、邱少云那样轰轰烈烈的壮举，又有像雷锋一样在平凡岗位上默默奉献、全

心全意为人民服务的精神，他把爱国心、报国志奉献给了祖国和人民。

李向群成长的历程告诉我们，报效祖国的远大理想要从小树立。人有了远大的理想，生活就会有目标，就会知道，今天我们是为什么而学习，为什么而锻炼。

每天早上，当你背起沉重的书包走进学校时，你想过为什么来学习、你为谁来学习、你要如何学习吗?

每天晚上，当你在灯下写作业时，你有过头脑十分活跃、异常兴奋的感觉吗?

也许你会说:“没有，我很累！我只想考高分，让爸爸妈妈高兴，让老师满意，我可没有时间想别的，只写应付老师的作业，迎接明天的考试！”

如果是这样的话，你的学习还有什么意义呢！只有那种树立了远大目标和理想、勇于刻苦努力的人，才是真正懂得学习的人，他的未来才会有辉煌的成绩。

少先队员在进行爱国主义教育。

给爸爸妈妈——
孩子的理想不可少

2000年3月14日，我忽然收到一封来自解放军驻四川省某部队的信件。

这是谁给我写的信呢？

打开信，我迫不及待地翻开最后一页，只见落款处写着：一位渴望和您联系的学生——杨小虎。

杨小虎，原来是他！

一个虎头虎脑的农村孩子的形象立刻浮现在我眼前。

那是六年前的一天，我驱车从北京市来到河北省平山县西柏坡的手拉手希望小学。这是用中国少年报社组织全国小朋友捐献的20万元压岁钱修建的第一所手拉手希望小学。

明亮的教室里坐满了农村的孩子，他们朴实可爱的小脸上写满了喜悦。

我一边回答着孩子们向“知心姐姐”提出的“人应该有什么样的理想”等方面的问题，一边在教室里来回走着。忽然，我发现一个高个儿的男孩儿手中捏着一个铅笔头，破旧的文具盒里再也没有第二件东西。

我俯下身，仔细看他写的字，我惊呆了——好一手工工整整、隽秀有力的字啊！

“你叫什么名字？”我问道。

“我叫杨小虎！”男孩子腾地站起来，大声回答，“我的理想是当一名解放军战士！”他眉宇间闪烁着一股子自信的神情。

“好！我相信你的理想一定能够实现！‘解放军同志’！”我激动地夸赞着他，仿佛我面前站着的就是一位威武的解放军战士。

临走，我用自己的一支圆珠笔，换回了杨小虎的那个铅笔头。

这个铅笔头，我一直带在身边，经常拿出来给城里的孩子看。城里的孩子都十分惊讶：真没想到，农村孩子学习条件那么差，却又那么热爱学习；他们还说，自己用过多少支铅笔数也数不过来了，可从来没有一支用到这么短。后来，孩子们给西柏坡希望小学的同学送去了许多铅笔和其他文具。

这些年，无论我在做什么，脑海中总会浮现出那一张朴实可爱又充满自信的脸，我心中一直呼唤着：“杨小虎，你在哪里？”

“他真的当上了解放军战士！”我急不可待又一字一句地读着杨小虎的信。

卢阿姨，我是杨小虎，您可能会感到这个名字很陌生吧？因为我们已经有好几年没有联系了。

卢阿姨，可曾记得，我们头一次在西柏坡手拉手希望小学见面时，您问我的理想是什么，我说要当一名解放军战士。当时，您送给我一支圆珠笔。虽然这支笔已经用完，但我始终保存在身边，因为我永远不会忘记您的话，不会忘记您的教诲。去年，我高中刚毕业，恰逢征兵工作也刚刚开始，我很幸运地应征入伍，成为一名光荣的人民解放军战士。

卢阿姨，现在我的理想已经初步实现，因为虽然我做了军人，但并不证明我是一名合格的军人、好军人。要做一名好军人，还需要坚持不懈地努力工作。卢阿姨，我希望您能为我理想的初步实现而感到高兴。

卢阿姨，在部队虽然很苦很累，但这里的确是个锻炼人的好地方。在这里，我们不光训练、劳动，还学习。卢阿姨，我新兵考试合格了，其中5000米越野还达到了优秀；在全营的新兵评比中，我有幸得到了嘉奖。虽然这算不了什么，但我一定会更加努力。卢阿姨，请您放心，无论什么时候，我都不会忘记您对我的鼓励，不

骄傲自满，一定努力做好本职工作。

小虎的信我反反复复读了好几遍，激动的心情难以平静。“理想”这两个字，顿时在我的心中变得沉甸甸起来。

杨小虎对我说“我的理想是当一名解放军战士”时，他仅有11岁，上小学五年级。六年过去了，他一直在努力，为实现自己的理想在努力。今天，理想终于实现了，我真替他感到高兴！

这使我想到，理想对成长中的孩子来说是多么重要——无论是城市的孩子还是农村的孩子！

少年时期，孩子天真无邪，热爱生活，头脑像一张白纸，可以书写最好最优美的诗句，可以描绘最新最美丽的图画。少年时期，也正是播种理想的种子最重要的时期。这个时期，如果能够树立起人生的目标，犹如在心中播种了一个太阳，一个给人以希望的太阳，一个给人以力量的太阳。

人只要有了目标、有了理想、有了希望，就不会虚度时光，就不会整日被烦恼缠身，这也就意味着——他迈出了成功的第一步。

作为父母，应该如何帮助孩子树立理想呢？

是尊重孩子自己的兴趣爱好，因势利导地引导孩子去追求自己的目标、实现自己的理想，还是逼迫孩子去实现父母的愿望、找回父母童年的梦想？是实事求是地帮助孩子树立一个切实可行的目标，还是硬逼着孩子去摘取永远无法摘到的果实呢？

这些都是原则问题。

如果父母的期望值过高，孩子达不到父母确定的目标，父母便会陷入失望、无望甚至绝望的境地。

浙江省金华市17岁的中学生徐力杀母的事件发生后，我去金华市看守所，与徐力交谈了100分钟。

据徐力说，他的母亲给他的精神压力很大。母亲要求他每次考试要考到班里的前10名，将来要考上清华大学、北京大学这样的名校，最起码也要考进浙江大学。徐力曾经对妈妈说：“我根

本考不上，全校每年才考上两三个学生。”可母亲却说：“我不会给你第二次考大学的机会，考不上大学就要打断你的腿，把你赶出家门，再也不管你！”有时，母亲因为徐力的考试成绩不合意，还要用皮带抽他，用棍子打他。

徐力绝望了。绝望中，母亲的唠叨使他对母亲越来越反感、心理越来越异常。终于有一天，徐力长期被压抑的愤怒开始喷发，他失去了理智——用榔头打死了母亲。

说到母亲对自己的关心，徐力流泪了。他说：“我竟然用自己的双手将生我养我的母亲送‘走’了。我是一个畜生，我毁了这个家，毁了自己的前途，毁了自己曾经拥有的一切。”

徐力在给自己同学的信中写道：“同学们，我真诚地希望你们能够以我为戒，不能且绝对不能再干我这种灭绝人性的事情。为了你们的前途，你们应该更加努力，珍惜现在的学习机会。人在失去的时候才懂得珍惜，我是深刻地体会到了。”

作为一位母亲，面对徐力的叙说，我心痛如绞。我们谁都不会希望把自己的孩子送进监狱，更不会希望自己死在自己孩子的手中。但悲剧还是发生了！

原因是多方面的，但有一点是不能回避的：父母过高的期望、过大的压力会使孩子无望，而无望中的孩子长期看不到前途，内心会变得十分脆弱，甚至会发生心理畸形，以致走向绝望。

“望子成龙”不能“逼子成龙”。让孩子从小树立理想，并不是逼迫孩子去考高分数，去考重点大学。如果孩子每天生活在重压之下，就会使本来活泼聪颖的天性变得郁郁寡欢，对学习失去兴趣，对生活失去信心。化用德国诗人海涅说的那句话，便是：“即便种下的是龙种，收获的也可能是跳蚤。”

“望子成龙”无可厚非，“望子成人”更加重要。教育的核心是培养什么样的人，家长的责任是教会孩子怎样做人。有些家长认为，只要孩子成绩好，其他的缺点都可以原谅。于是品德教育变得可有可无，有没有远大的理想、有没有独立生活的能力、有没有健全的人格和健康的体魄不再重要，这怎么能不说是“潜藏着危机”呢？不管孩子将来能成就什么，我们首先是要他“成人”，要使孩子懂得一个公民应尽的责任是什么，这才是现代家庭教育的第一要义。

与其迫切地“望子成龙”，不如将这种愿望化作“子望成龙”的教育。也就是说，让孩子从小自己树立一个理想，确立一个目标，通过自己的努力去实现。

90多年前，鲁迅先生就说过，对儿童的教育，主要是“理解”“指导”和“解放”，要培养他们具有“能在世界新潮流中游泳，不被淹没的力量”。这种力量的背后，就是理想。

作为一个从事多年少年儿童教育的人，我希望徐力这样的悲剧不再发生，更希望杨小虎这样的有志少年越来越多。

共同的话题二

“责任感”是一种特殊的营养，能帮助你长大。让你知道自己该做什么，该怎样去做。

十分可贵的是，许多同学明白了就马上行动起来。

同学们明白了，对自己负责就要自己的事情自己做。他们每天按时起床，主动打扫房间，自己收拾书包，自己认真学习……他们说：“这是我的责任。”

浙江省绍兴市的李燕娜以前有个坏习惯——早晨爱睡懒觉，每天都要爸爸妈妈反复催促，才肯起来洗脸上学。读了知心姐姐的书后，她请妈妈买了一个闹钟。清晨一听到闹钟响，她就自觉起床。有时真想再睡一会儿，但一想到“按时上学是每个学生的最基本的责任”，就马上起床了。

同学们明白了，对父母负责就要孝敬父母，为父母过生日。

毕江同学原来不知道爸爸妈妈的生日。读了知心姐姐的书后，他去问父母的生日，父母感到很奇怪。毕江说：“我的生日是‘父忧母难日’，我应该知道你们的生日。”

父母感动地说："我们的孩子懂事了！"

同学们还明白了，每个人都离不开集体，所以每个人都要对集体负责。

山东省文登市铺集镇子亮同学是学校鼓乐队的一名小号手。镇里要举行鼓号操比赛，他怕耽误学习，不想参加。老师多次做他的工作，他总是嘴上答应，可心里不愿意。读了《责任感帮你长大》，他知道自己错了，错在只对自己负责，不对集体负责。终于，他调整好了学习和练号的时间，在镇里的鼓号操比赛中，为学校争得了荣誉。

同学们还明白了作为一个小公民要对祖国负责。他们不再做乱扔垃圾等破坏环境的事情，而是发动起来搞垃圾回收，"用小行动保护大地球"。

有一所学校的少先队员们开展了"我们怎样对社会负责任——用小行动保护大地球"的讨论，大家一致认为，每个人都有责任"拯救地球妈妈"，于是他们纷纷成立了"护绿小队""弯弯腰小队"，积极参加环境保护活动。

鲁迅先生说："单是说不行，重要的是做。"这些同学做得好，我相信你能比他们做得还要好。

第三章
奉献爱的人一生幸福

给孩子——需要知恩更需要感恩

别忘说声“谢谢你”！

我们生活中，有句最简单而有价值的话，就是“谢谢你”，英文中最常用的词，也是“Thank you”！

“谢谢”不仅是礼貌用语，“谢谢”还和爱连在一起，“谢谢”有多少，爱就有多少。

如果你要做一个文明的人，就得常说15个字：“谢谢，您好，对不起，再见，我错了，请，我们。”你瞧，“谢谢”两个字在最前面。

我有两个终身难忘的启蒙老师，她们教会我怎样做人。我妈妈和我的小学老师张效梅。我记得，她们说得最多的正是“谢谢”两个字。

妈妈总把“谢谢”挂在嘴边。邻居张大爷送来报纸，妈妈总是笑着迎上去说：“谢谢张大爷！让您费心了！”修下水道的工人干完活儿要走，妈妈一个劲儿地说：“谢谢您，给您添麻烦了！”老师来家访，妈妈满脸笑容：“张老师，谢谢您！您那么忙还到家来！”

妈妈生病住院的时候，每次医生来查房，她总是微笑着说：“谢谢大夫，我好多了！”

最难忘的是妈妈临终前那个晚上。我见她痰里有血，急忙请来值班医生。妈妈慢慢睁开眼睛，用极微弱的声音说了声“谢谢大夫”，就再也说不出话来。那声音真小，恐怕连医生都听不见，但我却听得真真切切，因为我太熟悉她的口形了。但万万没想到的是，那竟是妈妈经历了 83 年风雨，告别人世的最后一句话，也是妈妈留给我们的最后一句话！

妈妈将一生的感激之情，都凝聚在“谢谢”两个字上。

当她走完 83 年生命历程的时候，那天清晨北京协和医院十几名医生、护士排成一排，用崇敬的目光送她缓缓离去；一批又一批亲友和我们兄弟姐妹单位的同事到灵堂向她告别，认识她的人都曾听过她那一声声暖人的“谢谢”。她记住了别人的好，别人也忘不了她的好。

妈妈生前一直对我说，永远别忘了张效梅老师。她说：“张老师不仅教你们知识，更是你们的人生导师。”

张老师极有人格魅力。她对所有关心她的人都心怀感激，哪怕你为她做了一点点事，她都会带着灿烂的微笑说声：“谢谢你！”

每年春节，前去看望她的人都络绎不绝。我和十几名小学同学，每年春节都要去张老师家聚会，这么多年从未间断。“你们能来看我，这是我最高兴的事，谢谢你们！”张老师总是这样说。我们连忙说：“要谢的是您呀，张老师！”

“不，”张老师说，“我的学生成长了，有了成绩，这是对老师最大的感谢！是你们让我感受到当老师的幸福，所以，我要谢谢你们！”

数十年来，张老师就是怀着这样的感激之情，走上讲台，又走下讲台，走完她的教师生涯。

这两位老人留给我一生的财富，就是做人要永远心存感激，知恩才能感恩。记住别人的好处，才能说出“谢谢”两个字。

今天，许多父母痛苦地告诉我，他们最伤心的是自己的孩子不懂得感谢，孩子们觉得，父母为他们所做的一切，都是应该的，别人为他所付出的一切劳动都理所当然。

一位母亲曾告诉我：陪着5岁的女儿去游泳，女儿在前面走，她拿着大包小包跟在后面，女儿问："水果带了吗？牛奶带了吗？"当女儿得知妈妈带的水果是梨时，哭了起来，非要妈妈回去换她爱吃的水果。妈妈说她觉得自己不像孩子的妈妈而像孩子的奴隶，女儿从来都是向妈妈提要求，却从没说过一句感激的话。

从小没有感恩之心的孩子，长大后很可能成为自私的人。

不过，知恩图报会说"谢谢"的孩子还是很多的。

有个双眼失明的女孩儿在妈妈生日那天送给妈妈一份礼物——扎在生日贺卡上的盲文。妈妈看不懂，请人翻译，那段盲文让她听得泪流满面："亲爱的妈妈，谢谢您把我养大！虽然我看不见您，但我永远爱您感谢您——妈妈！"妈妈捧着贺卡哭了。她觉得自己为女儿付出的一切都是值得的。

有个七八岁的聋哑女孩儿，背着书包去上学，在公共汽车上没站稳，差点摔倒，一位叔叔看到，急忙上前扶她一把。女孩儿上了车，刚站稳就向这位叔叔打手势，叔叔不明白是什么意思。叔叔要下车了，女孩儿连忙跑过去，塞给他张小字条。下了车，叔叔打开一看，只见上面歪歪扭扭地写着4个字："谢谢叔叔！"泪水涌出叔叔的眼眶。

感恩之心、感激之情，就像燃烧的火焰，让你的生命更加辉煌。

在里约热内卢的一个贫民窟里，有一个男孩儿，他非常喜欢足球，可是又买不起，于是就踢塑料盒，踢汽水瓶，踢从垃圾箱捡来的椰子壳。他在巷子里踢，在能找到的任何一片空地上踢。

有一天，当他在一个干涸的水塘里猛踢一只猪膀胱时，被一位足球教练看见了，他发现这男孩儿踢得很是那么回事，就主动提出送给他一只足球。小男孩儿得到足球后踢得更卖劲儿了，不久，他就能准确地把球踢进远处随意摆放的一只水桶里。

圣诞节到了，男孩儿的妈妈说："我们没有钱买圣诞礼物送给我们的恩人。就让我们为他祈祷吧。"

男孩儿跟妈妈祷告完毕，向妈妈要了一只铲子跑了出去，他来到一处别墅前的花园里，开始挖坑。

就在坑快挖好的时候，从别墅里走出一个人来，问小男孩儿在干什么，小男孩儿抬起满是汗的脸蛋，说："教练，圣诞节到了，我没有礼物送给您，我愿给你的圣诞树挖一个树坑。"

教练把小男孩儿从树坑里拉上来，说："我今天得到了世界上最好的礼物。明天你就到我的训练场去吧。"

三年后，这位 17 岁的小男孩在第六届世界杯足球赛上独进 21 球，为巴西第一次捧回金杯。

一个原来不为世人所知的名字——贝利，随之传遍世界。

面对恩情，你首先会想到父母，只要记住父母的养育之恩，真诚地对他们说声"谢谢你"，不管他们会不会亲吻你，理解你，你都会感受到幸福正包围着你。

面对恩情，你不会忘记你的老师，只要记住老师的教育之恩，永远地对他们说声"谢谢你"，不管他们在不在世上，会不会回答你，你都会觉得爱在簇拥着你。

面对恩情，你会想起所有关心帮助过你的人，只要记住他们的知遇之恩，及时地说声"谢谢你"，不管他们是不是还记得你，你的心里都不会留下什么遗憾。

记住，任何时候都别忘了说声"谢谢你"！

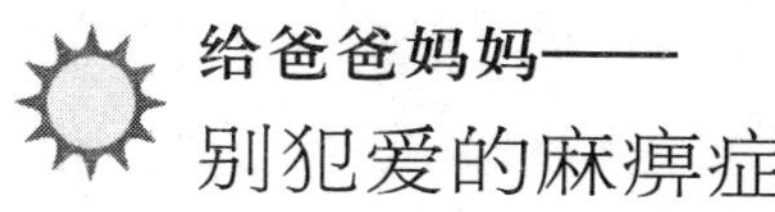

给爸爸妈妈——别犯爱的麻痹症

有位妈妈很伤心地给我讲了这样一件事：

> 我的儿子上高三了。我每天除了工作还要马不停蹄地为儿子买菜、做饭、洗衣、收拾房间……可儿子认为这些都是应该的，一点儿也不领情。一天，我生了病，躺在床上，浑身十分难受。儿子放学回来，看看锅里没有饭，只是冷冷地说了声："我出去吃了。"就离开了家。过了不久，他吃饱了回来，竟没过来看看我，也没给我带回一点儿吃的，就钻进自己的房间，砰的一声关上门，一晚上再没出来。我伤心极了。我想，我的儿子是得了爱的麻痹症呀！怪我平时只知爱他，却没有教他也要爱别人，关心别人。孩子长大了，变得麻木不仁，我这是自作自受呀！

这位母亲终于在儿子的冷漠无情的事实面前觉醒了。可天下还有多少没有醒悟的家长，他们只知道盲目地疼爱孩子，只要能使孩子高兴，他们为孩子做什么都心甘情愿，这些受到过分关心、过分照顾的孩子，从没有过回报的实践，也没有回报的意识。

这些孩子总认为，父母为他们所做的一切都是应该的，根本不需要感谢，更不需要回报。

他们从不珍惜父母的劳动，因为他们不知道这一切是怎么来的，即使父母的钱挣得很辛苦，他们享用也是理所当然的。

"子不教，父之过。"孩子不懂得回报养育之恩，不懂得珍惜，其实是父母的责任。

一个孩子的成长，离不开爸爸妈妈和亲人们的关怀和爱护，离不开老师、同学和周围许许多多人的教育和帮助。家长们要让孩子从小懂得什么是爱，让他们把这些爱牢牢记在心中，好好学习，长大以后用自己的行动去回报人们的爱。

“孩子的心是块空地，种什么长什么。”做父母的，如果真的爱孩子，那么从小就要往孩子心里播撒下爱的种子，这比什么都重要。

孩子的正确思想是靠灌输的，爱的种子是需要培育的。无情无义的孩子的出现，是家长过度溺爱的结果。

孩子只要了解了爸爸妈妈的辛苦和不易，就一定会热爱爸爸妈妈，回报爸爸妈妈的。

一位从日本名牌大学毕业的学生，到日本一家效益很好的大公司应聘。公司经理问：“你替父母擦过身吗？”他回答：“从来没有。”经理说：“明天再来吧，不过来之前一定要为父母擦一次身。”

这个青年从小失去父亲，是母亲当用人挣钱把他养大的。

这位青年回到家，看着在外面劳累了一天的母亲，决定要为她洗脚。他拿来木盆，把母亲的脚放进盆里。当他用手握住母亲的脚时，发现母亲的脚像木棒一样僵硬，他不由得捧着母亲的脚哭了。

第二天，这位青年再去那家公司，对经理说：“谢谢您，如果不是您的指点，我从来没有摸过母亲的脚，我要好好照顾母亲。”

经理点点头说：“你明天可以来公司上班了。”

这家大公司效益好的一个重要原因，是公司员工的素质高，有高度的责任心并且热爱自己的企业。而对公司负责，热爱企业的基础之一，是对父母负责，热爱自己的父母。反过来想想，那些从小就患有爱的麻痹症的人，长大以后又怎么会去爱别人，爱企业，爱社会，爱国家呢？

给孩子——发现爱，感受爱

“生活中不是缺少美，而是缺少发现。”这是法国著名雕塑艺术家罗丹的名言。

爱和美一样，时时刻刻都在我们的生活中。但是，有的人能发现，有的人却视而不见，这是怎么回事呢？

原来，人们看世界的角度不同，方法不同，结果也就不一样。只有怀着爱的情感，用爱的眼光看世界，才会发现爱，感受爱。

有个藏族小姑娘叫意娜，家住四川省甘孜藏族自治州康定县，周围都是大草原。她从小爱写诗、画画。一天，爸爸带她去草原玩。她留心观察草原上的一切，被大草原的美丽打动了，回来就画了一幅图画，画面是一个可爱的小姑娘赶着牦牛高高兴兴地走在草原上。她还配了一首小诗：

我和牦牛去草原，那里有青青的小草，那里有蓝蓝的天，那里没有人捉小鸟，那里太阳的脸上没黑烟。

多么美的画，多么美的诗！后来这幅配了诗的画在国际上获了大奖。

另一个孩子从草原回来，我问他草原好不好，他说简直糟透了，那里蚊子、小虫太多了！

同样是去草原，一个觉得“太好了”，另一个觉得“太糟了”，这是因为心情不一样，所以感受也就不一样。

意娜被评为第二届“全国十佳少先队员”，来北京作报告时她对我说，她去小树林玩，能听到小鸟说话、蚂蚁搬家的声音；她和妈妈去自由市场买东西，看到被砍下的牛头正看着她伤心地

哭泣……

意娜小小年纪就成为小画家、小诗人，正是因为她热爱生活，她纯真、善良，总是用爱的眼光去看待周围的一切，用爱的心情去感受生活，于是，她发现了美，画出了美的画，写出了美的诗。

一个人要想获得成功，活得幸福，首先要有一颗爱心，热爱生活，热爱大自然中的一山一水、一草一木和每一种小动物。

有了爱的情感，你会发现周围有许多人都在爱你，关心你！你不仅能从父母、老师的赞美中发现爱，也能从他们的批评中感受到爱。在课堂上，你会从老师的目光中发现爱，从每一天的作业中感受到爱。你去商店买东西，乘公共汽车去上学，你会从售货员的微笑中发现爱，从售票员清脆的报站声中感受到爱……

有了爱的情感，你会发现妈妈每天为你起早做饭，虽然很平常，但那是爱；爸爸监督你学习时很严厉，但那是爱；老师要求你很严格，那也是爱。

总之，爱就在我们的生活中，就看你能不能发现！

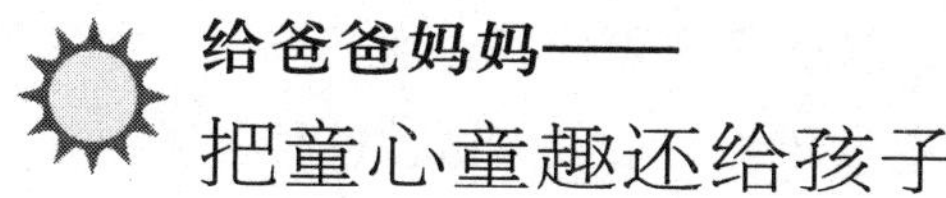

给爸爸妈妈——把童心童趣还给孩子

那是一个阳光明媚的日子，我和小记者们去访问时任国家总督学的柳斌同志，我想听听这位时年60多岁的老人和10多岁的孩子在一起是怎样交谈的。

“柳爷爷，您小时候最感兴趣的是什么事？”

听到小记者的问话，我真为柳斌同志捏把汗，那一代人与现在的人童年趣事是不一样的。

“捉小鱼小蟹呀！”谁料想，孩子的话题引起柳斌同志极高的兴致，好像使他一下子回到童年时代。

“小时候我住在农村，我家旁边有一条小河，小河里小鱼、小虾、小螃蟹可多啦。我很会抓小鱼，双手轻轻插入水里，就能捧起一条小鱼。我和小鱼玩一会儿，再把它放回水里。抓螃蟹最有趣，夜晚打着灯笼往河里一照，河面被照得通明，螃蟹一见亮就躲了起来。这时，只要你轻轻搬开河里的石头，就会看到小蟹全都在石头下面……”

我被柳斌同志的话吸引住了，眼前仿佛出现了一群男孩子光着小脚丫在河边嬉水捉鱼的画面。这时，我看了看柳斌同志身边那几位小记者，不禁愣住了，只见孩子们的脸上表情平淡，没有兴奋，只有陌生。

“你们最感兴趣的是什么事呢？谁想说说？”我向孩子们发问了。

一片沉寂。

“最感兴趣的……”几个孩子嘴里小声重复着，想说，但又不知说什么。

一股悲凉的情绪涌上我的心头。童年的快乐，本来是每个孩

子都应该有的，60 多岁的老人提起来是那样兴致勃勃，10 多岁的孩子却是那么陌生。现在的孩子们太可怜了，他们被关在水泥房里，禁锢在课桌前，他们的童年被作业、考试、各种各样的补习班和家长的催促声占满了，他们的童趣已经被挤得没有空间安放了。

我记起柳斌同志曾给我讲过的一件事：

有位爸爸为自己 7 岁的女儿举行了古筝演奏会。7 岁女孩儿手指一撩一拨，音韵如行云流水，幽雅而清纯，令人十分惊喜。但后来，当人们从对孩子的成绩和聪明的惊喜中冷静下来之后，却发现这位小演员、小明星好像少了点什么。少了什么呢？

少了孩子气，少了孩子的天真。

这引发了我的同感。我时常从被大人视为“好学生”的孩子的脸上，感觉到一种冷漠和成人的忧虑。这是为什么呢？

一篇题为《孩子不是文明的奴隶》的文章分析了其中的原因：“他们的聪明远离了小溪中的鱼虾，远离了草丛中的蝈蝈、蚂蚁，他们不知道自然是美丽的，他们不知道生活中暴风雨与阳光同行，他们的举止成了缺少个性和活泼纯真的、同一的刻板的模型。”

许多父母不惜重金买钢琴，请来家庭教师，逼着孩子去学。却不知道，这给孩子造成什么样的心理影响。我在接听“知心电话”时，上海的一个男孩儿神秘地对我说：“知心姐姐，您猜我最恨什么？”

我好奇地问：“你最恨什么？”

“最恨我们家那架讨厌的钢琴了。为了弹钢琴，我挨过妈妈许多次骂，也挨过爸爸不少的打。可我根本不爱弹钢琴，每次坐在钢琴前，就像坐电椅一样难受。我喜欢踢足球！可我爸爸妈妈说踢足球没出息，影响考大学，硬把我心爱的足球从阳台上扔了下去，我找了一天也没找回来。”

为什么父母花重金买来的钢琴，竟成了孩子最恨的东西呢？为什么丢掉一个在大人眼里不值几个钱的足球，竟让孩子如此伤心呢？

因为这些爸爸妈妈根本不知道该怎样爱孩子，他们拼命地去为孩子构筑一切，不管孩子需要不需要，喜欢不喜欢，无情地把他们和大自然分开，无情地剥夺了他们自己选择喜爱事物的权利。

孩子固然是父母的孩子，但做父母的首先应该明白孩子是一个独立的、有自己爱好的个体。我们要塑造孩子，但不能以牺牲孩子的天真和童年的乐趣，不能以大人的认识和感觉为标准限定孩子。“应该让孩子去玩泥巴，去蹚小溪，去踢足球，去趴在地上兴致勃勃地看蚂蚁搬家，和小伙伴一起磕磕碰碰，甚至擦破块儿皮，四处发现‘新大陆’。”孩子的行为可以引导，但童趣、童真不能被剥夺，童心不能被践踏。

我真想大声呼吁：大人们，把孩子放回大自然吧，让他们在春天嫩绿的草地上，小河边快快乐乐地尽情玩耍，尽情享受春天，体验春天，融入春光，找回失去的童趣吧！

只有感受春天的可爱，才会更爱美丽的春天。

知心姐姐与新疆小朋友在一起。

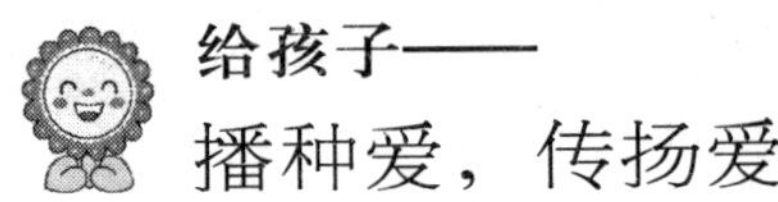

给孩子——播种爱，传扬爱

你一定知道高尔基的名字吧，他是苏联一位伟大的文学家，他一生写过许多优秀的作品。

一次，高尔基生病了，到一个孤岛上养病。他的儿子来看他，临走时，在父亲住的房子周围撒下了许多花种。春天来了，鲜花开放了，高尔基的病也好了。他十分兴奋，给儿子写了一封信，信中说：

你走了，可是你种的鲜花却开放了。我望着它们心里想：我的好儿子在岛上留下了一样美好的东西——鲜花。要是你不管在什么时候、什么地方，留给人们的都是美好的东西，是对你非常美好的回忆，那你的生活该多么愉快呀！

高尔基的这封信告诉我们一个真理：播种爱、传播爱的人是最愉快的，是最受欢迎的。

你可能要问：我也很想成为一个愉快的人、受欢迎的人，我该怎样去播种爱，又该怎样去传播爱呢？

能做的事情可多啦！

比如，你见到有困难的人，就主动走上去问："你有困难吗？我来帮助你！"当你付诸行动时，别人就会感受到温暖，人们能有这种感受，正是因为你在他心中播种了爱。

千万别忘了，别人帮助了你，你一定要微笑地说一声："谢谢！"对方会从你的微笑和感谢中感受到助人的快乐。

今天爸爸出差要回来，你上学前留下一张字条："爸爸，您辛苦了，欢迎您回家！”爸爸回家看到你留的字条一定会很高兴，因为他从你的字条中感受到了孩子的爱。

关心周围的人、帮助有困难的人是播种爱、传播爱，这是一种最基本的爱，是人人都应当具备的，在所有爱的情感中，最神圣最崇高的爱是对祖国的爱。有一个中国小姑娘，把爱的种子播撒在了异国他乡，使世人仰慕中国。

1999 年秋天，我听到这样一个感人的故事：

一位 10 多岁的小姑娘跟随着父母到了大洋彼岸的美国，她就读的中学接收来自世界各国和地区的孩子。

当她带着对美国学校生活的新奇感走进这所中学时，却发现了一个令人气愤的现象：因为学校的学生来自不同的国家，学校便将他们原来所在国家的国旗挂在也被当作礼堂的饭厅四周，以表示对这些学生及其祖国的尊重。但是，小姑娘并没有在那一面面的各国国旗中看到在她心中十分崇高的五星红旗，却看到挂在那其中的一面代表中国台湾的旗子！

小姑娘找到了校长，郑重地向校长提出了自己的抗议和建议："我是一个来自中华人民共和国的学生，在这里没有看到代表我祖国的国旗，是您对我和我祖国的不尊重；台湾岛历史上就是中国的一部分，现在是中华人民共和国的一个省，把它的旗子挂在这里，是对我们国家主权的一种不严肃的态度。所以，我请您尽快更正这种做法！”

校长被小姑娘的真诚而勇敢的言辞惊呆了，也被她对自己祖国的热爱感动了。第二天，校长亲自主持了升挂中华人民共和国国旗的仪式，表达了对小姑娘的歉意，也表达了对小姑娘的祖国——中华人民共和国的尊重。

当五星红旗伴着庄严的中华人民共和国国歌的音乐缓缓升起时，小姑娘的眼睛湿润了，她更加深刻地感受

到祖国的可敬可爱，更加深刻地感受到热爱祖国的人是多么幸福。

这位小姑娘热爱自己生长的祖国，并把对祖国深切的爱带到了遥远的国度，她得到了尊重，也获得了幸福。

播种爱，传扬爱吧！它能使你幸福，也能使你周围的人快乐、幸福。

你想在秋天收获吗？那么在春天里就赶快播种吧！

孩子们在与知心姐姐开心地互动。

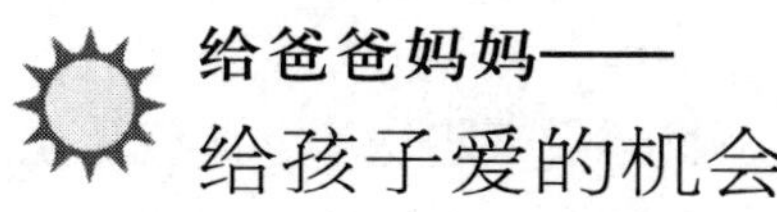

给爸爸妈妈——给孩子爱的机会

爱是什么？

爱是一个口袋，往里装产生的是满足感，而往外掏产生的是成就感。

爱是什么？

爱是一种感受。一个人在被他人需要时，才能感受到自己生命的价值；一个孩子在被大人需要时，才能感受到自己幼小的生命是多么伟大，于是感悟到一种深深的爱意。

记得有一次，我去重庆开办“知心电话”。重庆团市委少年部部长饶勤带着她 4 岁的小女儿陪我去风景区旅游。

一进山，小女孩儿就问我：“您来过这里吗？”

“从没有来过，如果迷路了，我肯定找不到家。”我装作很为难的样子说。

“没关系，有我呢！”小女孩儿马上用力地拉住我的手，很有把握地对我说。

“好，好，有你我就放心了。”我高兴地回答。

要坐缆车上山了。那次是我第一次坐这种缆车，心里还真有点紧张。

“不行，我害怕。掉下去要摔死的。”我假装担心地说。

“别怕，有我呢！”小女孩儿老练地扶我上了缆车，紧紧地挨在我身边，微笑着对我说，“怎么样，不害怕了吧？有我您就可以放心了。”

我一下子被这个可爱的女孩儿感动了，我觉得，被孩子爱、被孩子“关怀”的感觉真好！

分别时，她问我：“您玩得高兴吗？”

我蹲下身来，看着她那双美丽的眼睛，动情地对她说："今天幸亏有了你，我玩得太高兴了，一点儿也不害怕！"

"下次您来，请打电话通知我，我还会来陪您！"女孩儿一脸真诚地说。

第二天，她的妈妈对我说，女儿回家后兴奋异常。她对爸爸说，自己是一个重要人物，如果没有她，"知心姐姐"可就"惨"了。

对成人来说，接受孩子的爱是幸福的、快乐的；但是对孩子来说，给予别人爱，别人能理解、能接受、能感悟到，比接受成人的爱更快乐！然而，今天许多父母，却把孩子们"爱的机会"垄断了，把孩子们"爱的权利"剥夺了。在独生子女的家庭中，孩子被各种各样成人的"爱"包围了，所有的大人都比孩子"强大"、比孩子有"实力"，孩子没有爱大人的机会，反而被大人"爱"得死去活来。

一个女孩儿正在家里写作业，爸爸下班回来了。刚刚在学校接受过爱的教育的孩子马上倒了一杯茶水，递到爸爸面前："爸爸，请喝茶！"

谁知，爸爸冷冰冰地说："去，去，去，写作业去！别趁机跑出来玩儿！谁用你倒茶，多考个100分比什么都强！"

一个男孩儿看到有病的妈妈在厨房做饭很辛苦，便走进厨房说："妈，我帮您干！"妈妈马上挥挥手说："不用你，把你的书念好，就是关心我了。妈可不希望儿子长大当厨师，妈要你考研究生！"

孩子心中刚刚萌发起来的爱的火焰一次又一次被父母无情地扑灭了。渐渐地，孩子明白了，父母所要求的就是自己考高分、上重点学校，别的什么都不需要了。然而，这不是所有孩子都能达到的目标啊！于是，许许多多孩子变得心灰意冷、玩世不恭，不再关心别人，也不懂得爱别人了。

据辽宁省的一份调查表明，59.18%的家长在养育孩子上不惜代价，孩子要什么就给什么。孩子每周从事家务劳动的时间极少，18.72%的学生根本不参加任何家务劳动，47.78%的学生每周只参加1小时以下的家务劳动。为此，60.12%的学生不会洗衣服、做饭，54.75%的学生需要家长在上下学时接送，7.81%的孩子能“讲究卫生”，47.19%的家长是把洗脚水端到孩子的面前（“经常如此”的占4.8%，“偶尔如此”的占32.6%）。

就这样，“累坏了”父母，“闲坏了”孩子。久而久之，孩子认为，这些是父母应该做的，谁让他们当了爸爸妈妈呢？也不能白当啊！

真正爱孩子的父母，就要在孩子面前表现得弱一点儿，给孩子一点爱的机会，别总把自己看成是高山，视孩子为小草，让孩子靠着你、仰视你、惧怕你；更不要当大伞，为孩子遮风挡雨，让孩子弱不禁风。

换个位置、换个形象吧！让孩子做高山，父母来做小草，孩子就会长成山；让孩子当大伞，孩子就能顶天立地。

共同的话题三

晚上，在台灯下，我一封一封地翻看着同学们写来的信，心中十分感动，从字里行间我感受到了一股股爱的力量。我仿佛走进了爱的世界。在这里，我感受到少年朋友对《中国少年报》的爱，对“知心姐姐”的爱；在这里，我感受到儿女对父母的爱，子孙对老人的爱，学生对老师的爱。

浙江省丽水市的小学生叶欣、江苏省宝应县望直港镇中心小学的朱蓓蓓、浙江省慈溪市实验小学的何亚等同学懂得了“滴水之恩，涌泉相报”的道理，知道心疼父母、关心老人、尊重老师、热爱同学了。

江苏省金湖县淮连中心学校五（2）班杨登宁告诉我：“我们全班的同学都成了有爱心的孩子！”

回报别人对你的关心与帮助，就是向爱你的人奉献了你的爱。

江苏省东台市四灶镇中心小学四（乙）班周仲同学感触很深，他写了如下文字：

以前，爸爸妈妈常对我说："你们这一代真幸福啊！"可是我并没有感觉到。因为在家里，我常挨爸妈的训斥，在学校还要受老师的批评，同学之间闹矛盾更是常有的事。所以，我感受不到生活中有多少爱，相反，倒觉得生活中有太多的苦闷和烦恼。

我为什么发现不了生活中的爱呢？读了"知心姐姐"《发现爱，感受爱》这篇文章我才知道，这是因为我平时缺少爱的情感，不懂得用爱的眼光去观察事物，用爱的心情去感受生活。其实，爱就在我们身边。妈妈每天起早为我做饭最平常，这是爱；爸爸身患重残却坚持辅导我的学习，这也是爱；老师的批评、教育同样也是爱，因为这些都是为了我能够健康成长啊！生活中处处都有爱，我们应该用心去听，去看，去感受，去体会。

广东省湛江市霞山区某小学的陈艳玲决心"不再伤害小生物"，她说：

我喜欢研究小生物。一放假，我总要到楼下的草坪中去寻找小蚂蚱。有只小蚂蚱十分不幸，被我捉到了。它比我小指的一半还小，有着嫩绿的身子。我把它按在地面上，它那凸起的眼睛看着我，好像是在哀求我放了它。但我视而不见，一心只想看看小蚂蚱的血是什么样的，肉是什么样的。我用力一扯，小蚂蚱就成两截儿了，就这样，小蚂蚱没命了。我又到蚂蚁洞前，把蚂蚁放在放大镜下对着太阳照，不一会儿，一只小蚂蚁就被烧焦了。

读了"知心姐姐"的书我才发现，我伤害的小生物已经数也数不清了。大自然中的小生物也有家庭，也有爱，让它们与家人分离，它们该多么伤心啊！从今以后，我要做一个热爱大自然的孩子，不再伤害小生物。

有了爱的情感，海南省澄迈县新吴镇中心小学六（2）班曾垂云第一次发现海南的春天是如此美。她说：

过去我很讨厌海南的春天，因为这里的春天和夏天一个样，热得让人发晕。特别让人难受的是，那一只只嗡嗡怪叫的蚊子，即使躲在蚊帐里也会让它们咬得全身痛痒。读了《发现爱，感受爱》之后，我试着换个角度去看海南，我才发觉海南的春天也很美。

带着爱走到大自然中，我第一次闻到了春天的花香；第一次听到了大自然的交响曲——鸟儿在枝头歌唱，虫儿在草丛鸣叫；第一次看到大自然的舞蹈——蝴蝶在花丛中飞舞，燕子在天空中飞翔，鱼儿在水中跳跃……

现在我明白了，只有带着爱去观察身边的事物，才能发现真善美。

这些同学的感受和看法，你是不是也体会到了呢？

内蒙古自治区包头市包钢一小黄禄明同学说得好：

我们不仅要发现爱，寻找爱，也应该奉献出自己的一份爱，只有这样，才能真正感觉到爱的纯真与美丽。

有一首歌，歌名叫《好人一生平安》。什么是好人？就是奉献爱的人。奉献爱的人一生幸福。

第四章
知难而进祝你成功

给孩子——在困难中微笑

“如果面前有一座山峰，我们就勇敢去攀登；如果遇到一场暴风雨，我们就是翱翔的雄鹰。跌倒了，爬起来，说一声，我能行！骨头变得更硬。失败了，不气馁，说一声，我能行！再去争取成功。我能行，有信心；我能行，更坚定；我能行，去开创新的人生。”

这首由著名儿童文学作家金波作词、著名作曲家瞿希贤作曲的《我能行》的歌，唱出了当代勇敢少年的心声。

人生的路上，有平原、小溪，更有高山、大河；有灿烂阳光，更有风风雨雨，只有那些勇敢的人，才能像暴风雨中的海燕，得意扬扬地掠过海面，好像深灰色的闪电。

一天，一只勇敢的小海燕“飞”到了我的身旁，她就是河南省信阳市第十三小学的林辰。

林辰 7 岁的时候得了一种很难治的病。爸爸妈妈带她离开信阳，到北京儿童医院治疗。

医生说：“需要住院，可是爸爸妈妈不能陪护。”

“你一个人住在医院里，可以吗？”爸爸妈妈问。

“这里这么多小朋友都是自己一个人住在医院里，他们行，我也行。”说着，林辰穿上了病号服。

过了一会儿，一位护士阿姨给她扎上点滴。林辰心里有些害怕，可她没有喊痛，更没有哭，反而还“挺高兴”，因为这是她第一次扎点滴。

爸爸妈妈办完住院手续来到病房，看到女儿在扎点滴，小小的年纪就要受这样的苦，心疼地流泪了。林辰却笑着说：“别难过，我一点儿也不疼，就像被小蚂蚁咬了一下。”

住院的第二天，护士阿姨来到林辰的病床前说：“新来的小朋友都要抽 10 毫升的血化验。”

林辰很“镇定”地看着护士阿姨从自己胳膊里抽出了满满两试管的血，一声也不吭。

护士阿姨拔出针头，惊讶地问林辰：“你怎么不害怕呀？”

林辰笑着说：“我觉得抽血一点儿都不疼。”

半个多月过去了，林辰手上因为扎点滴留下的针眼越来越多、越来越密，小手肿得像小馒头。可是林辰一次也没有哭过，脸上总是带着甜甜的笑。

最难受的要算是做腰椎穿刺，就是从骨头里抽出骨髓化验。

医生拿出一个又粗又大的注射器，在林辰的腰上找好一根骨头，一下子把粗粗的针头扎进去……不料，这一针并没有扎到准确的位置上，必须抽出来再扎第二针。

林辰疼得咬紧牙关，一声也没叫，只是让眼泪静静地流出来……林辰鼓励自己：不要怕疼，要有勇气！就这样，小小年纪的她硬是挺了过来。可是，站在一旁的爸爸妈妈的眼泪早已扑簌扑簌地滚了下来……

为了让林辰早点儿好起来，爸爸妈妈又带她去看中医。第一次喝中药，闻着味道还可以，可当林辰用舌头舔了一下，才知道中药是这么苦！林辰鼓起勇气，还是照着爸爸说的办法，“捏着鼻子”，一口气咕嘟咕嘟就喝了下去。

在北京看病的三年里，林辰经历了别的孩子没有经历过的痛苦，并且经受了一次大手术的考验。

手术进行得很成功。

林辰的体会是：只要有勇气和快乐的心情，就能在困难中微笑！

林辰真是了不起！她的病很重，给她生理上造成很多的痛苦，可当我见到她时，看到的只是她脸上洋溢着的幸福的微笑。这是勇敢的微笑，这是胜利者的微笑！

假如，你在生活中遇到了困难，你能像林辰那样微笑地走过去吗？

与知心姐姐在一起，学生们精神焕发。

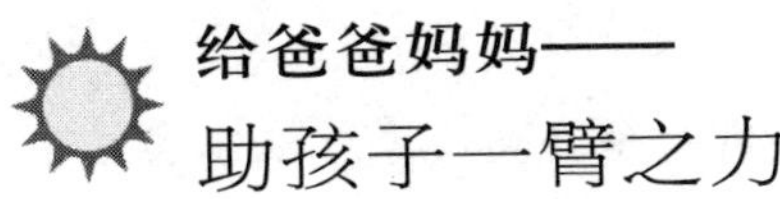

给爸爸妈妈——助孩子一臂之力

孩子要进考场了，作为家长，如何助孩子一臂之力呢?

我想，家长们要弄清楚，考试究竟是考什么呢?

一是考知识，二是考勇气。考场不仅是知识的较量，更重要的是勇气的较量。

家长们可能还记得，邓亚萍夺取世界乒乓球锦标赛女子单打冠军时那惊心动魄的一幕：21 ∶ 21、22 ∶ 22、23 ∶ 23……观众们都明白，在胜负未卜的关键时刻，在技术水平相当的情况下，拼的就是心理素质；邓亚萍更清楚，她的身后有十几亿中国人的支持，有教练的鼓励，更有她平时综合心理素质训练，心理承受能力的磨炼，她沉着应战，一个球一个球地打，一分一分地争，最后终于夺取桂冠。

同样，进考场的孩子也需要支持，需要鼓励。

做家长的不能一味地要求孩子考高分，成绩考得不好不是打就是骂，应该允许孩子有胜有负，要帮助孩子调整好心态，让他们以平稳、洒脱的心情勇敢地走进考场。

考试，是培养孩子心理素质的极好机会，此时此刻，家长一定要用自己的良好心态，不断地向孩子发出正信息。如果这时家长发出的是负信息，常常会造成孩子的心理障碍。有个男孩儿曾对我说：“每次考试只要一想起爸爸的皮带、妈妈的吼叫，我的手就发抖。”

相反，家长发出的正信息，常常会让孩子感动。许多家长看了“知心姐姐”的“快乐人生三句话”,学会用“太好了”“我能行”的正信息鼓励孩子，使许多孩子有了明显的进步。

湖北省丹江口市凉水河镇檀山中心学校毛成科的爸爸就是一

位成功的爸爸，他给“知心姐姐”来信说：

我只有一个儿子，从小我就对他严格要求，从不娇生惯养。在小学，他的成绩一直名列前茅。进了中学，他与同年级300多名学生相比，仍是佼佼者。当然，考试也有失败的时候，在初一第二学期期末考试时，他的成绩一下滑到了班上30名以后，榜上无名了。回家后，我见他愁眉不展的样子，就问他：“怎么了？”“爸爸，我这次考试没有考好。”我详细地询问了他的考试情况后，对他说：“向家长汇报自己的学习情况，这本身就是一种诚实、勇敢的行为，成功永远喜欢照顾有勇气的人。只要你认真地总结失败的教训，找出考差的原因，努力赶上去就是了。”从此，儿子更加自觉。

那一年很不幸，夏天，我的女儿溺水丧命；秋季，我又突患右眼白内障，在我爱人带我外出治眼疾时，我把孩子叫到身边对他说：“科儿，妈妈要陪爸爸外出治病，不要挂念我们，只要一心一意地学习，就是对爸爸妈妈最大的安慰。爸爸妈妈相信你会努力，会争气的。我们等着你的好消息。”

后来，他的中考成绩超出郧阳地区重点高中录取分数线，被录取到杨献珍创办的郧阳第一中学学习。

实践让我感受到：对孩子的信任，再加上对孩子失败的很好诱导，是孩子成功的秘诀。

另外，复习时，家长不要嘱咐个没完，要让孩子在一个安静宽松的环境中，全神贯注地复习功课，孩子才能学进去。

真希望家长们都像这位成功的爸爸一样，给孩子更多的鼓励。考试前，请这样对孩子说：“爸爸妈妈相信你能行，即使考坏了也不要紧，只要你尽了力！”

给孩子——
跌倒了，自己爬起来

一天中午，“知心电话”铃声响起。电话是一个女孩儿从广东打来的。

“是知心姐姐吗？期末考试我不及格。今天下午老师就要公布成绩了，那时全班同学都会瞧不起我，我该怎么办哪？”接着，传来了女孩的哭声。

“世界上没有常胜将军，再了不起的将军都有打败仗的时候。你现在只是暂时的失败，只要你有勇气，你仍然能打胜仗，仍然能当将军。下午老师公布成绩的时候，你要把头高高地扬起来。同学们看到你充满自信的样子，就不会看不起你了。因为，人最怕的是自己倒下去，别人的看法或议论都不是最要紧的。”

放下这个长途电话，我的心里想起另一个女孩儿。

她是一名高三学生，家境优越，从小受宠，平时成绩名列前茅，是三好学生。参加高考后，她觉得自己考糟了，不会被学校录取，天天坐卧不安，想到落榜后遭人们的白眼，她再也忍受不住，悬梁自尽了。更令人惋惜的是，第二天高考成绩公布了，她的成绩超过大学录取分数线 7 分！是心理承受能力太差害了她。

有一位心理学家说得好：“一个周边高矮不等的木桶，它的盛水量不取决于最长的那块板，而取决于最短的那块板。”那个轻生的女生，她的智力像木桶上最长的那块板，而她适应社会的心理承受能力，却像那木桶上最短的一块板。面对高考，她没有输在智力上，而是输在心理承受能力上。

著名科学家居里夫人说：“我的最高原则是——不论任何困难，都决不屈服！”

良好的承受失败与战胜挫折的能力，受到挫折后的恢复能力

和百折不挠、不向失败屈服的精神，是成功人士不可缺少的素质。

当失败的时候，你要想："太好了！我可以品尝一下跌倒了自己爬起来的滋味，可以锻炼自己，我肯定有机会再去体会成功的喜悦！"于是，你会振奋起来，奋起直追。至于人家怎么议论你，那是人家的事，你不必去管，笑笑就行了。

"人要学会走路，也得学会摔跤，而且只有经过摔跤，他才能学会走路。"记住马克思说的这句话，用笑脸来迎接失败，用百倍的勇气来应付一切不幸吧！

人的勇敢，往往表现在战胜自己上。战胜别人不容易，战胜自己更难。北京市北宫门小学三年级张今同学就经历过一次心理斗争：

那是一个星期天的晚上，我和我的朋友为了一件不起眼的小事吵起来了，他偏要我给他道歉，说是不道歉就不跟我玩了。我说："不跟我玩就不跟我玩！反正我不向你道歉！"说完，我气冲冲地跑回了家。他也回家了，临走时还使劲地踹了下门，好像在对我说："讨厌！"

第二天早上，他没有像往常一样来找我上学。我看见他，他也没理我，只是瞪了我一眼就跑了。一连几天，他都是这样对我。慢慢地，我感觉有些不舒服，只觉得心里有两个小人儿在打架。一个说："不向他道歉，凭什么向他道歉！"另一个则说："去向他道歉吧，吵几句嘴没关系。别为了一点儿小事，失去了好朋友。"可是，我却偏向了第一个小人儿。我对自己说："为什么我要先向他道歉，这样太没面子了。"就这样，拖了一天又一天，我们的关系也一直僵着。

有一天，我看见他独自一人在玩双杠，又想起了和他吵架的事，心里觉得失去朋友非常难受。我后悔自己没有勇气向他道歉。这时候，那个不让我道歉的小人儿从我的心里悄悄地溜走了，只剩下那个让我道歉的小人儿站在那儿对着我笑，好像在鼓励我："去吧，去对你的朋友说声对不起！"

晚上，我把他叫到楼下，真诚地向他道了歉。我俩又和好了。我感到从没有过的愉快和舒服。

当你和同学闹了别扭，你有张今同学这样的勇气吗？能自己解决自己的问题吗？

请记住科学家爱迪生的一句话："世间没有一种具有真正价值的东西，是可以不经过艰苦、辛勤的劳动而得到的。"

知心姐姐与"手拉手"活动中的成员们在一起。

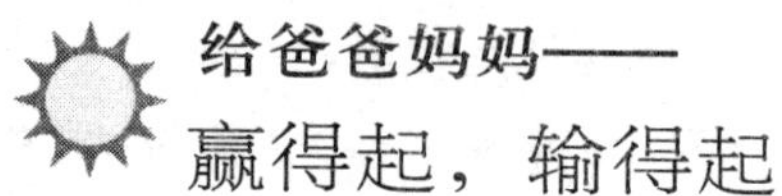

给爸爸妈妈——赢得起，输得起

能否正确对待孩子成长中的挫折和失败，也是衡量父母自身素质高低的一个尺度。

现在许多爸爸妈妈只关心孩子的分数，孩子一进门就问："考了多少分？"考坏了，脸就拉得老长，考好了，就眉开眼笑。其实，这正反映我们做父母的心理还不够成熟，对孩子学习及成长的态度还不够正确。

一次，在和时任国家总督学的柳斌同志谈起素质教育时，他说："分数可以测量一个人掌握知识的程度，但不能作为对一个人素质全面评价的标准。"

现在，有许多家长都要求孩子在考试时争双百分。有个同学语文、数学两门考了 180 分，老师要求学生向家长报告，而且要家长签字。第二天，老师问起这件事，那个同学说："字是签了，但是昨天晚上我也挨了一顿'男女混合双打'。"爸爸妈妈都打了他，因为他少考了 20 分！还有一位妈妈，把自己一年级的女儿吊起来抽打，因为女儿有一门功课只考了 87 分！

为什么有的家长会这样气急败坏？是因为孩子的分数没有达到自己的要求，认为孩子给自己丢了面子呢，还是有其他的想法，好像丢了几分，就丢了一切呢？

其实，分数与成才根本就不是一回事，分数不等于成功。

这使我想起了郭沫若的故事。在郭沫若故居的墙上，贴着郭沫若小时候的成绩单，其中修身（品德）课、语文课都不及格，但这并没有影响他以后的成才。他小时候修身课虽然不及格，但经过自己的修炼后来成为一个政治家，还获得斯大林国际和平奖；他小时候语文课不及格，但经过自己的努力，后来成了当代文学大师。所以，不能因为一两次成绩不好就否定孩子甚至责罚孩子。

而且，家长自己一定要明白，分数不是孩子成长的唯一标准，不要太看重分数。

当孩子遇到失败的时候，他们更需要的是父母的关心和帮助。父母应该让孩子尽快摆脱失败的打击，给孩子创造下一次成功的机会。

记得有一次，中国少年报社举办“从小学做人”电视比赛，武汉市某钢厂第九小学一个很有实力的男孩儿在预赛中落选了。晚上他哭着来找我，说他本来是想夺冠军的，这回没希望了……当时我没有接待他，让他不哭了再来找我。

第二天，他微笑着来找我说：“我想通了！昨晚我爸爸对我说：‘人的一生中失败要比成功多得多。我搞试验，失败几百次才成功一次。所以，一个人要赢得起也要输得起。’”我高兴得把他抱起来！后来由于他的表现，大会给他发了“特别奖”。

老舍先生说，家庭的教育是生命的教育。这位孩子的父亲就是用自己生命的体验来告诉孩子做人的真理，他是一位能帮助孩子走向成功的父亲。

要孩子正确对待成功与失败，首先我们做家长的要“赢得起，也要输得起”。

知心姐姐与孩子们在野外活动中。

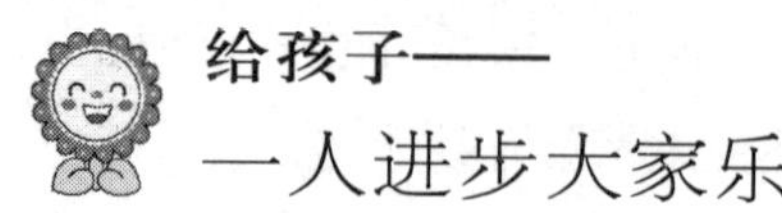

给孩子——一人进步大家乐

大文学家雨果说："世界上最宽阔的是海洋，比海洋更宽阔的是天空，比天空更宽阔的是人的胸怀。"

1997年1月24日下午4点，报社的事情刚刚处理完，我便匆匆赶到北京市崇文小学四(2)班，参加他们的结业主题班会——"一人进步大家乐"。

教室里充满了掌声、笑声。在中队长的主持下，同学们争先恐后地赞扬进步大的同学。忽然，我听到了一个熟悉的名字：张晨。

"张晨现在能按时完成作业，期末语文考得特别好，大家说他的进步大不大？"

"大！"中队长的话音未落，全班同学已经爆发出同一个声音。

几个月前，我第一次走进四（2）班教室，正是为了张晨。听说他不守纪律，不完成作业，考试不及格，常常被父亲打骂。那次，郭沫同学的爸爸受校长之托请我到学校给全校家长讲怎样教孩子做人。张晨的爸爸听了直掉眼泪，他痛苦地对我说："我也不愿打孩子，可他老不争气，我实在没招了！"

除了打，难道真的没有别的办法了吗？我跟着张晨的爸爸来到四（2）班。教室里一片沉寂，全班的家长都在，许多家长也都在为孩子发愁。那天，我和家长们约定：今后，以赞扬来代替责备，以激励来代替打骂！

一个月后，我第二次来到四（2）班，送给全班同学每人一份礼物——快乐人生三句话："太好了！""我能行！""你有困难吗？我来帮助你！"那天，我和同学们也约定：把挑剔的眼光变为欣赏的眼光，多发现别人的优点。轮换当干部，让每一个同学都成功！

新上任的班主任徐美英是一位优秀的老教师，她组织全班同学开展了“一人进步大家乐”的活动。短短几个月，全校有名的乱班便发生了巨大的变化，其中数张晨的进步最大！

期末班会上，张晨激动极了！他说：“升入四年级，我没挨过一次打，徐老师从来不告状，同学们也常鼓励我，我记住‘知心姐姐’的话‘我能行’，学习进步了，也懂得遵守纪律了，我从心里感谢大家！”

张晨的进步告诉我们：一个人的进步离不开集体的关心和大家的帮助。如果我们每一个人，都试着去欣赏别人的优点，给予真诚、衷心的赞美与鼓励，那么每一个人的潜能都会充分地发挥出来，每一个人都会找回自信，获得成功！

知心姐姐和少先队员在一起。

给爸爸妈妈——为孩子的成功叫好

北京市崇文小学是寄宿制学校，家长都是大忙人。1997 年 1 月 24 日下午，四（2）班教室里却坐满了家长，他们和孩子一起参加期末主题班会——“一人进步大家乐”。

会场上不时响起阵阵掌声，我看见许多爸爸妈妈、爷爷奶奶都在笑。原来，他们的孩子有进步了！这进步不仅表现在学习成绩上的提高，更表现在学做人方面的长进。

曾经获得校级优秀中队长称号的黄雨乔，她的父母都在美国，今天她的奶奶和姥姥都来了。满头白发的奶奶拉着我的手异常激动，她说：“今天，我真是太高兴了，我的孙女进步了！也许有人会问我，过去她是中队长，现在成了小队长，为什么还说她进步了呢？这是因为过去她只想自己好，只要老师表扬别的孩子，她心里就难受。我觉得这是忌妒心理，对孩子的成长不利。如果从小只想自己往上爬，将来就会踩着别人往上爬，那太可怕了。自从她听‘知心姐姐’讲了快乐人生三句话，她的变化很大，能用‘太好了’‘你有困难吗？我来帮助你’的心态，主动帮助后进的同学。这次别的同学当上中队长，她比谁都高兴，一个劲儿为别人鼓掌，我觉得真是‘太好了’！”

老奶奶的一番话激起一阵热烈的掌声。

这位曾在外交部工作过的老人多么明智！她鼓励自己的孙女为别人的成功鼓掌，这就把孩子领到了一条新的起跑线上。

歌德说：“人不能孤独地生活，他需要社会。”

孩子总有一天要长大，要走向社会，要与他人共生存。良好的人际关系，不仅能给孩子带来快乐，而且能帮助他走向成功。狭隘的忌妒心理是人与人相处、人与人竞争中十分可怕的一种阴暗心理，对孩子来说，危害最大。

但是，孩子的忌妒心理，很大程度上是大人们潜移默化的影响和熟视无睹的默认造成的。一味让孩子去争“第一”，并把别的孩子的成功看成是对自己孩子的威胁，这实际上是在害孩子。

我们都该向黄雨乔的奶奶学习，心胸像大海一样广阔，眼睛关注下一代的成长，为所有孩子的成功鼓掌！因为我们的明天，寄托在整个一代孩子的身上，每个孩子都成功，我们的国家才能有希望！

让孩子学会从别人的成功中感受快乐和爱，是对孩子真的爱。

一次，我去江苏省无锡市采访，并作了一场《如何教孩子做人与做事》的报告，报告中讲到要让孩子学会“为别人的成功鼓掌”的观点。

报告结束时，一位可爱的小姑娘上台给我献花，鲜花和女孩一样美丽，回到北京，我收到了这个小姑娘的一封信，我才知道她叫杨亚，是无锡市河埒中心小学五年级学生。信写得很真切：

> 从二年级到四年级，学校的活动总少不了我，而且每次都是我担任主角。主持、朗诵、演唱等节目我样样行，在许多比赛中获奖，并且参加了无锡电视台《金太阳、银月亮》节目的主持。去年我被评为市“第三届十佳少年”。
>
> 升入五年级以后，各种活动逐渐减少了，老师也不叫我当主持人了，一直由我主持的每周的升旗仪式也让给了“新同学”。那段时间，我有一种失落感，心里很难受。
>
> 会上，听您讲了“要为别人的成功鼓掌”这个道理，我懂得了“要让每一个同学都成功”的道理。学校要培养所有的孩子成才，不能事事总是由我一个人包下来，应该让每一个同学都有机会展示自己，发挥自己的才干。

我应该当好铺路石，协助老师去培养新人。这样一想，心胸就开阔多了。当同学们主持成功时，我使劲儿为他们鼓掌，从中我感受到一种从未有过的快乐，这可能就是友爱的力量吧！

各位爸爸妈妈，您是不是认为孩子有这样一种心态，更有利于孩子成长呢？

共同的话题四

“世界是勇敢者的。”这句话是发现新大陆的航海家哥伦布用一生的体验总结出来的。

每个人都有未被发现的“新大陆”，这就是潜能。一般人一生只开发了自己潜能的1%～4%。有勇气去争取胜利的人，才有可能去发现自己的“新大陆”。培养勇气、征服自卑、建立自信最好的办法，就是去做你应该做但又害怕做的事，直到取得成功。下面，我向你介绍“培养勇气的八大法宝”：

一、上课大胆发言

上课不敢发言的同学，并不是不会，往往是因为他缺少自信。他常常这样想：“如果我答错了，老师会批评我，同学们会嘲笑我，等下一次再发言吧。”结果，下一次机会来了，他仍然不敢发言，于是他会变得更加胆小。其实他想错了，因为即使他说得不对，老师也会纠正，这样也就会明白，而且记得更牢。胆小的人要主动发言，争取第一个。

二、走路挺胸抬头

如果你仔细观察人的走路姿势，就会发现，人走路的姿势能反映出这个人的情绪。自信的人挺胸抬头，自卑的人含胸低头。走路时，你只要把胸挺起来，把头抬起来，就会觉得自己很优秀，别人也会认为你很自信，愿意和你一起做事。

三、用眼睛注视对方

和别人讲话时，要正视别人，看着对方的眼睛。正视别人等于告诉他：我很诚实，而且光明正大，我相信你说的话是真的。正视别人，不但能给你信心，也能赢得别人的信任。

四、认为自己独一无二

任何一个人都有别人没有的长处。你只要找出自己与众不同的地方，你就会为自己而骄傲，勇气自然会回到你身上。

五、把“我”想成“我们”

胆小的时候，往往把“我”想成一个独立的个体，感到无助，产生自卑。如果把“我”想成“我们”，就会减少压力。就拿考试来说，你这次考砸了，你要想一想考砸的绝不止你一个，还会有别人，如果你想着是“我们”考砸了，压力就会小得多。

六、给朋友写信

感到心烦的时候，如果你给自己的朋友写封信，倾诉自己心中的烦恼，无论对方是否回信，你都会觉得轻松许多。如果对方给你回信了，告诉你这是件小事，不必放在心上，你自己也会认为，这没什么大不了的，就不会再为这点事而影响自己的情绪。

七、面对高山田野大声喊

如果你觉得自己实在是胆小怕事，说话声音像蚊子叫，你不妨让父母带你去登山或去郊游，面对高山、田野，你可以尽情地大喊大叫，这时你立刻会觉得自己声音十分洪亮、好听，发现自己原来也很伟大。当然千万不要在家里、学校或公共场所大喊大叫，那样，会影响别人正常的工作、生活。

八、常对自己说“我能行”

“我能行”三个字，是一种很强的正信息。你天天

对自己讲几遍“我能行”，越是害怕做的事（当然是指做正事、做好事），越要鼓励自己“我能行”，当你做了你一直害怕做的事，你会发现，自己勇气大增，真的能行。

知心姐姐与山区孩子在一起。

第五章
好形象受人欢迎

给孩子——
文明礼貌三句话

一个人的形象是一封无字的介绍信。人们通过你的语言、行为、仪表，就能判断出你是一个什么样的人。

如果我问你："你会说话吗？"

你一定会说："说话谁不会，张口就来！"

其实不然，说话的学问大着呢。一个人所说的话总是和他的人品和修养联系在一起的，优美的语言首先建立在尊敬他人的基础上。

如果你想成为一个高尚的、受欢迎的人，请先要学会说"文明礼貌三句话"。

见面要说："早上好！""您好！"

美好的一天是从一句亲切热情的问候——打招呼开始的。早上起床收拾完毕后的第一件事是向爷爷奶奶、父母及其他家人问一声："早上好！"这亲切的问候传递着你对长辈的尊敬和爱，营造了温馨的家庭气氛。到学校，见到老师、同学，面带微笑地说一声："老师，您好！""××同学，你好！"在这简单自然的问候中，不知不觉地塑造着你自己在别人心目中的良好形象，培植着你与别人之间的友谊。

道歉要说：“对不起！”“请原谅！”

人活在世上，没有不出错的。出了错，应该懂得道歉。向人道歉，就是承认自己的言谈举止或某些做法不妥，并把愧疚的心情传达给对方，请求对方原谅。

打扰了对方，给对方带来了不便，或做错了事，如果你及时说一声“对不起”或“请原谅”,就会修补你已经受到损坏的形象。

事先约好的见面你不能去了，要提前告诉对方：“对不起，我有事来不了。”

别人求你办事，你因故要拒绝，应说：“抱歉，这事我帮不了你的忙。”

致谢要说：“谢谢您！给您添麻烦了！”

每当别人给了你一点方便和照顾，即使这种照顾、帮助是对方分内的事，你也应该说：“谢谢您！给您添麻烦了！”

说“谢谢”的时候，要诚心诚意，双眼充满感激之情地注视着对方，真诚、自然、郑重地说。

如果你请求别人帮忙，最好说：“能请您帮我个忙吗？”如果对方面有难色，你要说：“如果您觉得困难的话，就不麻烦您了！”

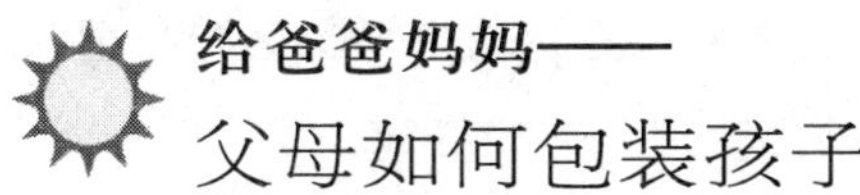

给爸爸妈妈——父母如何包装孩子

好产品，是工人的杰作：工人总是精心加工、精心包装，才把产品推向市场。

好书籍，是作家、编辑的杰作：作家、编辑总是精心写作、精心编辑加工，再加上美丽的封面，才把书籍介绍给读者。

孩子，是父母的杰作：父母应该精心包装孩子，再把孩子奉献给社会。

那么，父母除了认真地培养孩子的良好内涵外，该如何包装孩子呢？我觉得要从小教育孩子不但有美好的心灵，还要让孩子有美好的仪表、美好的语言、美好的行为。

一位驻外记者告诉我，他在澳大利亚工作时，经常与各阶层的人打交道，感受最深的一点就是人们的文明行为和礼貌用语处处可见、随处可闻。什么原因呢？原来，从幼儿牙牙学语起，父母就开始教孩子说“请”和“谢谢”。比如，当小孩要糖果或玩具时，父母一定要他说“请”，否则怎么哭闹都不予理睬。孩子拿到玩具时，又要求孩子说“谢谢”，否则就把玩具拿回去。久而久之，习惯成为自然，“请”和“谢谢”就再不离口了。

由此看来，文明礼貌是个教育问题，但同时也是个习惯问题，从小注意培养孩子养成随时随地讲文明懂礼貌的习惯非常重要。

一次，我往在中央人民广播电台工作的女友李宏家打电话。

“您好，请问您找哪一位？”接电话的是一位女孩儿，那甜甜的声音让人感到心里舒服极了。我的眼前立刻出现了一位彬彬有礼的女孩子形象。

“您是怎样把女儿教育得这么有礼貌的？”我迫不及待地问李宏。

李宏说："女儿小的时候，我就告诉她打电话时，拿起电话先微笑。你的微笑会让你进入一个愉快、礼貌的心境，这种心境会使你的声音听起来友好、坦诚，会促进双方的交流。

"如果是接电话，拿起话电话该先说：'您好！请问您找哪一位？'

"如果是打电话，千万别忘了先说'您好'，然后再说'我是×××，麻烦您找×××听电话好吗？'

"'谁应该先挂断电话呢？'女儿问我。我告诉她，应该是打电话来的一方先挂断电话。如果对方是长辈、老师或女士，要请对方先挂断，你才能挂断。挂电话的动作一定要轻柔。

"就这样，女儿学会了接打电话，言谈举止也越来越文明。"

看来，包装孩子还大有学问呢。要培养出文明的孩子，我们是不是应该先教会孩子一些日常礼仪呢？

给孩子——文明行为三件事

一个国家的文明形象，是靠每一个公民在公共场所彬彬有礼的言行举止塑造出来的；一个人美好的形象，是靠自己文明的行为塑造出来的。

文明行为包括的方面很多，让我们先从三件事做起吧！

第一件事：爱护环境，你丢我捡

优美的环境是人创造的，也要靠人来保护。

全国文明城市四川省绵阳市有个文化广场，广场的绿色草坪上竖立的公益广告牌上写着："爱护草坪，人人有责"；"同是生命，需要爱惜"；"给我一点爱，还你一抹绿"……这里没有"严禁"的呵斥，也没有"罚款"的警告，只有对文明行为规范的引导和对社会公德的呼唤。

更为可贵的是，这些地方的少先队员不但自己不乱扔垃圾，还开展了"你丢我捡"的活动。他们捡拾游人扔下的垃圾，并进行回收，并提醒大人们注意改正乱扔垃圾的不文明行为。

第二件事：遵守秩序，你挤我让

文明的人都知道"在公共场所要遵守秩序"这个简单的道理。买东西、上汽车、参观展览、进影剧院，都要排队，而加塞、乱挤是极不文明、不礼貌的行为。

偏偏有些人不讲文明礼貌，他们在公共场所乱挤乱拥。对这种人该怎么办呢？我主张不仅要制止，而且要"让"，以"有礼"

对“非礼”。“让”并不是软弱，“让”不仅是一种风度，而且是一种无言的教育和批评。

一所大学的学生会主席是个女生，一天上公共课，同学们要各自占位子。她去得早，坐在了前面。一位男生站在她身后大声吼道：“是哪个这么大的胆子，敢把老子的位置占了！”这个女生站起来，对他说：“啊，对不起，我不知道这个位子是你的。”然后拿着书包，坐到了教室后面。在场的男同学对这位男生开始了猛烈的“攻击”：“你给我们男生丢尽了脸，看人家女孩多有气度！”这个男生深感惭愧，第二天主动来找这位女生道歉。

这就是“礼貌”的作用和“让”的力量。

第三件事：待人谦让，你好我学

谦让，是一个人的美德。集体生活中人与人交往常常需要谦让。

一个人要做到待人谦让，必须正确地认识自己与他人，个人和集体的关系。

每次你到大海边或登上高山，都会感到心旷神怡，天地宽阔。大海和高山让人领悟到，人在世界上是多么渺小，天地如此广阔，何必与他人斤斤计较呢？

在人生的道路上，如果你能谦让三分，同样能感到天宽地阔，感到周围每个人都有值得自己学习的地方。

学会用欣赏的眼光看别人，看到别人的优点，谁好就向谁学习，这样的人不仅文明程度高，为人谦和，彬彬有礼，受人尊敬，而且自己心情会平静、坦然，生活将更加愉快和充实。

给爸爸妈妈——帮助孩子管住自己

一天，我打开电视机，收看中央电视台的《焦点访谈》节目，看见记者正在报道大连市“讲文明，树新风”活动。一位接受采访的大连男孩子说：“管住我的嘴，不说脏话；管住我的手，不乱扔垃圾；管住我的脚，不践踏草坪。”

男孩子讲的“三管住”，给我留下很深的印象。我想，为人父母，天天离不开“管孩子”，管教孩子，是每一位父母的责任，问题是怎样“管”法，是打？是罚？是责骂？我看大连的这个孩子讲出了一个好办法：让孩子自己管住自己，这叫自律。

为孩子塑造文明形象，特别要强调自律，家长不妨做好两件事：

一是家长带头管住自己，不做不文明的事。比如：过马路带头走人行横道，再急也不跨护栏、闯红灯。在公共场所遵守秩序，买东西带头排队；不说粗话，不发脾气……处处为孩子树立榜样。

二是要不断给孩子提个醒，唤起并强化他们自己管理自己的意识。比如，买了冰棍，孩子在剥冰棍纸时，就提醒他：“想一想该扔到哪儿呀？”去别人家做客，事先要告诉他，怎样当文明小客人……

我听人讲过这样一个故事：在德国的一个娱乐场的绿色草坪上，撒落着不少五彩缤纷的小球。原来，草坪尽头立着一块牌子，上面写着：“请勿践踏草地。”玩球的大人和孩子，不小心把球扔进了草坪，就让球待在那儿，谁也不会踩到草地上去捡球。绿绿的草坪上，点点彩球构成了一道动人的风景线。

这个故事告诉我们：文明一旦变成人们的自觉行动，会聚集

成一股巨大的力量，使人和环境都变得更加美丽。

正像高尔基所说：“哪怕是对自己的一点小小的克制，也会使人变得强而有力。”

“手拉手”活动进行精彩的节目表演。

给孩子——待人接物三原则

康德说："在这个世界上，唯有两样东西深深地震撼着我们的心灵，一是我们头上灿烂的星空，一是我们内心崇高的道德。"

《钢铁是怎样炼成的》一书的作者奥斯特洛夫斯基也曾经讲过："人的美并不在于外貌、衣服和发型，而在于他的本身，在于他的心，要是人没有内心的美，我们常常会厌恶他漂亮的外表。"

我国古代大教育家孔子，把人的仪表称为"文"，把人内在的精神称为"质"。他所说的"文质彬彬，然后君子"，意思是说两者都具备的人，才是有修养的人、文明的人。

我们评论别人时，常说"这个人气质好"。所谓气质好，就是语言、行为、心灵都美的人。如果你想成为一个气质好、受欢迎的人，请先学一学"待人接物三原则"。

原则之一：尊重他人

尊重人，是一切礼仪规则的核心。你如果希望别人尊重你，首先要学会尊重人。这是待人接物的一条重要原则。

学会尊重人，可以从以下三点做起。

1．听他人说。做一个好听众，认真倾听别人说话，鼓励别人说他们的事，让对方觉得他很重要。这样的人，朋友会很多。只会说不会听，或者随便打断别人的话都是不礼貌的。

2．替他人想。平时我们与替他人着想的人接触时，总是会感到这人很好相处，为人善良，这样的人人际关系总是比较好的，做事也比较容易成功。平时待人接物，我们也应该遵守这条原则，多替别人想一想。

3．帮他人做。1979年联合国通过的章程中有这样一句话："培养具有温暖心灵的人。"人与人之间要相互帮助，如果能经常说："您有困难吗？我来帮助您！"并且尽力"帮他人做"，你的心中就会充满爱，会觉得活得很充实。你的朋友会很多，你有困难时，别人也会愿意来帮助你。

原则之二：热情待人

你是喜欢接触整天沉着脸、闷闷不乐的人呢，还是喜欢接触快乐而热情的人呢？我想人人都喜欢充满热情的人，那么你自己也该成为这样的人。

热情是源于内心对生活的热爱和良好的心态，它会洋溢在你的眼睛里、你的谈话中。你心中对生活的热爱，对同学、对老师、对家长的热爱，会通过你的一言一行流露出来，不仅使自己精神振奋，还会感染别人、鼓舞别人，让人愿意和你在一起。

原则之三：真诚做人

选择朋友，最重要的标准是真诚。真诚的友谊是无价的。真诚的人，实实在在，不虚伪，说到做到，不说空话。真诚的人，真心地欣赏和感激别人，不指责不抱怨生活和他人。真诚的人，有话当面讲，不在背后说人家的闲话。

在与同学相处的时候，我希望你们还要做到"七不要"。

一不要违约，哪怕小小的约定。有约就要遵守，否则就别相约。

二不要在背后议论别的同学的缺点。记住："好话在人后说，坏话在人前说。"

三开玩笑要有分寸。不要取笑挖苦别人，特别是他人的外貌和穿着。

四与同学交往不要只谈论自己的事或自己感兴趣的事，不要反复说同样的事。

五不要因为别人对你提意见而生气，要充满感激之情地面对批评你的人，无论善意与否，因为他人的批评会促使你不断进步。

六不要乱动同学的东西，就是最要好的朋友，也不能“先斩后奏”。应该先打招呼，得到允许后才用。

七借用同学的东西，用完后要立即归还。

最后，愿你选真诚的人做朋友，自己也做真诚的人。

不同民族的小姐妹在一起交流。

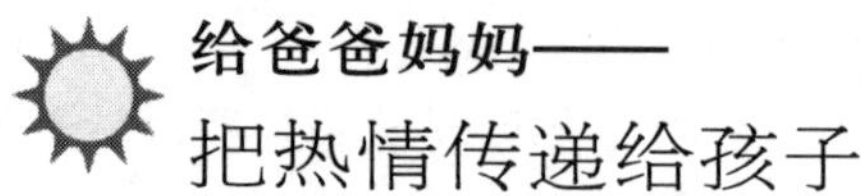

给爸爸妈妈——把热情传递给孩子

一个人成功的因素有很多，而热情是不可缺少的因素之一。

热情是发自内心的，是一种深存于人内心的乐观、向上的精神状态。成功的人和失败的人，在智慧和能力上的差别通常并不很大，但如果两个人各方面的条件都差不多，有热情和百折不挠的人将更有机会如愿以偿。热情，实际上是保持稳定、积极、顽强心态下的一种意志力，它是百折不挠品质的基础，也是一个人事业成功的重要因素。一个人能力不足，但是具有热情，通常也会胜过能力很强，但缺少热情的人。

在和孩子们的接触中，我发现有的孩子模样很漂亮，也多才多艺，但是总觉得他们身上少了点什么。少了什么呢？缺少热情。美丽的脸庞缺少微笑，大大的眼睛里没有放射出热情的光芒。所以，我时常想：为人父、为人母、为人师，应该有责任把热情传递给孩子。

怎样传递呢？这里介绍三种方法：

目示。爸爸妈妈或老师一个亲切的目光，会使孩子兴奋不已。有的孩子就告诉过我，因为老师上课时总不看着他，他便认为老师不喜欢他，使他感到伤心。

一个男孩儿问我：“上课老爱动怎么办？”我告诉他：“找一张白纸，画上一双眼睛，当成是知心姐姐的眼睛，放在课桌上，每次你想动时，看见知心姐姐正充满希望地看着你，你就告诉自己，上课时不能做小动作。”果然，他很快克服了自己的毛病，还被评为三好生。

手示。不同的手势表达不同的感情。拍拍肩膀，表示鼓励和表扬；打屁股则是一种惩罚。孩子学习上有了进步，或帮助别人做了好事，你拍拍他的肩膀，表示对他的赞许和信任，孩子一定会十分高兴。如果这时大人无动于衷，就失去了传递热情的机会。

语示。用最热情的语言给孩子送去希望。话不必多，一两句就能表达出你的爱；声音不必大，但要能表现出你内心的兴奋。唠唠叨叨说个没完，是最令孩子心烦的。如果孩子犯了错误，不要粗暴地打骂，可以到一间没有旁人的屋子里，看着他的眼睛，严肃地对他说："爸爸（妈妈）知道你这是第一次，也是最后一次，是不是？"孩子会感到是自己不对，对不起父母，会下决心改正错误。

父母、老师对孩子的热情通过目示、手示、语示传递给孩子，孩子受到激励和鼓舞，也会学会如何热情地对待别人。

（爱迪生讲过："一个人死去的时候，若能把热情传给子女，他就给子女们留下了无价的财产。"）

共同的话题五

前几天，报社的一位朋友兴奋地对我说：

我的儿子读了《中国少年报》知心姐姐的文章，变化可大啦。一天，我的两位老同学往我家打电话，都是我儿子先接的。他接过电话，很有礼貌地问："您好！请问您找哪一位？"这两位老同学十分惊奇，在电话里赞不绝口："刚才接电话的是你儿子吧，他可真有礼貌，你是怎么教育的？"儿子自豪地说："我只是读了《中国少年报》的知心姐姐的《做人要有好形象》这一课，并且照着做了。"

他的儿子叫杨欣晨，是北京市实验二小四年级的学生。

这件事告诉我们，做文明人，其实并不难，重要的是"做"。从一言一行，一点一滴做起。

说话的时候，先要想一想，我的语言是不是美，不美的话不说；做事的时候，先要想一想，我的行为是不

是美，不美的事不做；待人接物的时候，先要想一想，我的心灵是不是美，对别人不好的事不做。

经常先想一想，再说、再做，你便知道，什么话该说，什么事该做；什么话不该说，什么事不该做。这样坚持下去，日久天长，美好的形象就一定会被你自己塑造出来。

北京市双秀小学配合《做人要有好形象》一课，开展“争做文明小标兵”活动，进行“如何树立文明形象”的讨论。同学们的体会虽然只是点点滴滴，但很真实。

宋欣同学说：

过去我每天早上起床，见到爸爸妈妈从不说声“早上好”之类的话，因为我觉得，都是一家人，那么客气干什么。这回读了《做人要有好形象》一课我才知道，这句话虽然很平常，却能让爸爸妈妈觉得心里十分舒服，大家都觉得很礼貌，很愉快。

常城同学说：

以前，班里有一位同学学习不好，我就看不起他，当他发表自己意见时，我会说：“去去去，你懂什么！”如果他不小心碰我一下，我就发很大的火。有时他需要别人的帮助，我不但不帮助，还在一旁看热闹。读了《做人要有好形象》，我才认识到，应该尊重他人，热情待人，真诚做人。我想，我的言语行为使这位同学很不愉快，也给别人留下了很不好的印象。这位同学也有长处，我应该看到他的优点，尊重他。

李欣同学说：

读了《做人要有好形象》一课，我对自己提了6项要求：不乱丢、不乱吐、不乱掉、帮着捡、帮着扫、帮着擦。

北京市朝阳区惠新里小学四（1）班杜苒同学说：

读了《中国少年报》知心姐姐的《做人要有好形象》以后，对我教育很深。知心姐姐说：“塑造好的形象，离不开美好的语言……看一个人的形象美不美，不能光看衣着打扮，要看他是不是讲文明、讲礼貌。”我觉得确实是这样。有一次，我在公共汽车上看见一位阿姨，长得很漂亮，穿的衣服也很漂亮，不知为什么她和一位叔叔吵了起来，说了很多的脏话，甚至动手打起来。

后来我才知道，因为那位叔叔不小心踩了那位阿姨的脚，他没有道歉，却说：“活该！”那位阿姨也不让步，扭头骂了他一句，他们就吵起来了。那位阿姨吵架时，看上去很凶。他们的这种语言行为给我留下了很不文明的印象，我觉得这位阿姨和那位叔叔都变得很丑。

在我们的日常生活中，同学们一定不要说脏话，记住“知心姐姐”教的文明礼貌三句话：

1. 见面要说：“早上好！”“您好！”

2. 道歉要说：“对不起！请原谅！”

3. 致谢要说：“谢谢！”“给您添麻烦了！”

我们是新时代的少年，肩负着建设祖国的重任。

第六章

取长补短走天下

给孩子——和同学友好相处

我听说过这样一件事：

有一位高科技工作者，在科技方面作出了杰出的贡献，国家奖励他 24 万元。但是，这笔钱并没有给他带来快乐和幸福。由于他性格孤僻，和所有的人都无法正常交流，他十分孤独，最后只好买了一条狗，整日以狗为伴。

我想，你一定不想成为这样的人吧。

这位高科技工作者就属于那种“智商高、情商低”的人，他的心理素质和沟通能力都很差。

美国哈佛大学就业指导小组调查的结果证实：在数千名被解雇的男女中，人际关系不好的比不称职的高出两倍。在一些单位里，新进来的工程师、科学家们，学识、智商都很高，然而过一段时间以后，一些人成绩斐然，另一些人黯然失色。为什么会出现这种情况呢？答案是前一种人能主动与别人交往，能很快打开局面，而后一种人则不行。

湖南省长沙市左微同学遇到这样一件事：

长沙市某区召开英语会话大赛，在学校的选拔会上，实力很强的六甲班派出了两名尖子生参加，可结果却出人意料，他俩落选了。当选的却是两位平时英语成绩一般的同学。原来，两位尖子生落选是因为他们不互相配合造成的。从中，左微同学受到很大的启发，他说："学会合作太重要了，就说那相声演员吧，如果不合作，怎么能博得观众的阵阵掌声呢？"

在我们的生活中，许多事实都证明，良好的人际关系是成功的保证，一个人只有学会与他人友好相处，才能奔向成功。

对此，江苏省宜兴市新建小学五（1）班赵鑫同学就深有体会，他说：

> 以前我和同桌老吵架，上课的时候，他的手伸到桌子这边来，我就把脚和手都放到那边去，害得他只有一点点位置。要是他借我一样东西用，我很快就拿回来，他总说我是小气鬼。我俩互不相让，就因为这样，成了"死对头"。后来，我意识到，为一点小事计较，太说不过去，也太不像男子汉了，跟大家也处不好。我决定改变自己，主动与他和好。他向我借东西，也总是有礼貌地说："对不起，能把橡皮借给我用用吗？"我也很爽快地把东西借给他，还说："不用客气。"现在，我们两个"死对头"变成了好朋友。

现在的许多孩子都是独生子女，在家里，爸爸妈妈、爷爷奶奶把你看成"小宝贝"，关心你、爱护你，什么都让着你，把你看成是全家的"中心"。你认为这是应该的，不懂得尊重别人，不会为别人着想，一向我行我素，结果养成了"以我为中心"的骄横的坏毛病。但是，有了这样的心理，在集体生活中就会感到不顺心、不舒服，以后走上工作岗位也会处处碰壁。

所以，我建议你从现在起就树立这样一种意识：我是大海中的一滴小水珠，有我和我的伙伴，才能形成汹涌澎湃的大海，造福人类；我是高山上的一棵小草，有我和我的伙伴，才能形成翠绿的山川；我是集体中的一员，有我和我的伙伴，才能形成和谐、温暖的集体。

给爸爸妈妈——从小树立合作意识

我的一位朋友的儿子作为文艺特长生，上了一所全国重点大学。全家人在高兴之余，一直担心他的学业，因为进入这所大学的，大部分是学习尖子。

但是没有想到，她的儿子在校住了 3 天，回家对妈妈说："我和他们不是一种人，我的幽默他们不懂，我想家。"

我的朋友十分诧异。上中学时，儿子一向以性格活泼、幽默大方、善与人相处而受到老师同学们的欢迎，怎么一进了大学，遇到的第一道难题竟然是如何与人相处？于是，我的朋友便对他说："世界是由各种各样的人组成的，就像彩虹是由 7 种颜色组成的一样。一个人只有学会与不同的人相处，才能适应未来的社会。"

儿子接受了建议，开始主动与那些他认为陌生的外地同学交往。军训休息时，他热情地为大家唱歌、表演小品……他幽默的表演受到了同学们的欢迎。回来后，他还协助系里组织合唱节目，这个节目在全校新生会演中还获得了第一名。一周后，他的情绪好了，爱上了这个新的集体，适应了大学的生活，还被选为"每周一星"。后来还在大学自创自演大赛中荣获最佳表演奖。

从儿子口中，这位妈妈还知道，开学 3 周了，还有的十八九岁的男生夜里躲在宿舍的被窝里想家抽泣。有的同学心中没有别人，夜里上厕所时，开门、关门、说话的声音都很大，影响了别人休息，自己还不觉得。我还听一位朋友说，她家有个远房亲戚的儿子，是当地高考状元，考入一所全国重点大学，入学才两天，就觉得"这个世界太冷漠"，"没人关心我"，最后因"无法与'陌生人'合作"而离校出走达数十天。还有的学校的"高才生"因为不适应环境，甚至走上自杀的路……

一个人考入大学靠的是分数，而一个人步入社会站住脚，并取得成功，靠的就是能力。“与人合作”是人生存的最基本、最重要的能力。

类似这样的事情，我们这些做爸爸妈妈的恐怕都听到过、见到过。这应该引起我们每一位家长的反思。

为人父母，如果对孩子的未来负责，就不能只关心他们的考分，更应该关心他们全面素质的培养和提高。帮助这些“独生、独养、独门、独户”的孩子走出孤独，成为一个社会人，能与他人和谐相处，这样，才能施展他们的才华，走上成功之路。

各民族的孩子在天安门上。

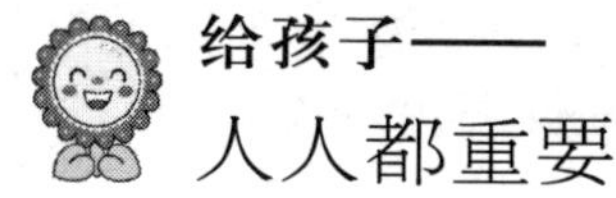

给孩子——人人都重要

一天，一个戴“两道杠”的同学来找我，愁眉苦脸地说：“不知为什么，我和同学们关系越来越紧张了。我觉得我是中队长，很重要，可那些不重要的人却处处和我作对。”

我请他伸出他的五个手指。

“请你告诉我，哪个指头最重要？”我问。

他掰掰大拇指，摸摸食指，拉拉中指，拽拽无名指，又捏捏小指，为难地回答：“都重要。”

“对，五个手指都很重要，缺一不可。它们有长有短，有粗有细，配合起来才有力量。如果都一样长，那一定不方便。在集体生活中，每个人就像其中一个手指，性格不同、爱好不同、能力不同，但每个人都很重要，每个人都有他特有的能力和作用。如果你能把每个同学都看得和你一样重要，就会发现他们的优点和长处，发现他们的作用，就会改善你和他们的关系，和大家相处得很好。”

这位中队长觉得我说得很有道理，回去成立了“五指中队”。他改变了看问题的角度，发现全中队 54 个人，人人都很重要，人人都有很多长处。他按每个人的长处分配了角色，并充分肯定了他们每个人的重要作用。不久，“五指中队”被大队评为优秀中队，他呢，也被同学们选为“知心队长”。

跟人和谐相处并且合作成功的秘诀是：真心实意地尊重别人，让对方觉得自己很重要。

对于这一点，天津市大港区第二小学某班班长郭晓菲同学深有体会。他说：

三年级时，我们班是出了名的乱班，我很想改变这

种状况，于是，学习、卫生、纪律、宣传，我都包了，弄得自己没时间学习，成绩也直线下降，但班里还是乱！后来，我在工作中悟出一个道理：班里工作要靠大家。现在，我经常开班委会，调动每个班委的积极性，班风有了明显好转。我自己的学习成绩也上去了。真是一根竹竿容易弯，三缕麻纱难扯断，只要大家齐心合作，什么都能做好！

如果你希望别人喜欢你，愿意与你合作，那么就要抓住其中的诀窍：看重对方，了解对方的兴趣，针对他所喜欢的话题与他聊天。

与人相处有一条重要原则，如果你遵循它，就会为自己带来欢乐；如果你违反了它，就会陷入无止境的挫折中。这条原则就是："尊重别人，让对方认为自己是个重要人物，满足他的自我成就感。"因为，他们最迫切的愿望，就是希望自己能够受到重视，就是这种力量促使人类创造了文明。

知心姐姐与孩子们一起探讨问题。

给爸爸妈妈——让孩子多交朋友

每个孩子都渴望有朋友。

《中国少年报》曾刊登过湖南省一名四年级小学生写的一首小诗，题目是“我要做星星”，诗中写道：

我不愿做太阳，
也不愿做月亮。
做太阳太寂寞，
做月亮太孤单。
我要做星星，
因为星星有无数朋友，
将黑夜点缀得更加美丽、漂亮。

我们大人把独生子女比喻成“小太阳”，但是这些孩子却想做星星，因为他们需要朋友，需要友情。

孩子上学后，友情的滋养绝对不能少，如果少了，孩子就容易出现一些情感障碍。比如：讨厌与人交往，孤僻，冷漠，疑心重，多愁善感。

我们做父母的，要鼓励孩子多交朋友。

比如，欢迎孩子的小伙伴到家里来做客，并热情接待这些小客人；又如，对孩子的朋友感兴趣，引导孩子谈论与朋友交往中的事情；谈论朋友的长处，告诉孩子千万不能天天盯着别人的短处，长此以往，自己就不能和朋友们友好相处，自己与人交往的能力和人品也就不如人家了。

在孩子交友问题上，很多家长总乐意让孩子找和自己孩子的

了全新却更艰苦的生活。

周婷婷：上大学后，能够遇到王峥，是我最大的幸运。全班33名同学中，只有我和她是特殊保送的残疾学生。尽管老师和同学对我们关心备至，但是在众人开心地聊天时，只有王峥最理解我内心的孤寂；同样，当别人为迷人的风景陶醉时，只有我知道为什么唯独王峥神情淡漠。相同的命运和遭遇使我们的心更加贴近了。我暗下决心："我要让她看到我看到的一切。"

王峥：我要让她听到我听到的一切。

周婷婷：我们一块儿在校园里漫步，我就把看到的景物描述给她听，她也把听到的声音全部告诉我。王峥和我心中有着同一个偶像，那就是美国女作家海伦·凯勒。我对王峥说："我们来做中国的海伦·凯勒吧。"王峥激动不已，一连在纸上画了数个惊叹号，她在上面写着："好啊，那我们就叫'海伦·凯勒联合舰队'吧！"

王峥：学习中，我最头疼的就是抄课堂笔记。因为黑板上的字我根本看不见，老师讲话又太快，我写大字就好像"老牛拉破车"，怎么跟也跟不上。婷婷对我说："别着急，我来帮你。"于是我上课的时候就不再担心记笔记的事了，只是聚精会神地听课，努力地领悟老师所讲的精华。

晚上，婷婷把她的笔记念给我听，或录成磁带，同时我也为她讲述课上老师指出的重点、难点。婷婷高兴地说："平时上课我顶多听懂20%，现在有了你，我全懂了！"我也笑着说："那以后听课的任务就交给我了。"她拍拍胸脯："好，那抄笔记的事我全包了！"

周婷婷：因为我和王峥有视听障碍，所以学校对我们的英语学习不作要求，但我们都不愿意放弃学外语。王峥视力太差，英语书上的小字她一点也看不见，上课就像听天书，课后也无法复习，为此她苦恼极了。于是我就把书上的内容（包括单词、课文、练习）读给王峥听，同时，她也帮我纠正发音。先前很少有人能听懂我说的英语，但现在很多人都认为我说的英语很标准。

王峥：我和婷婷成了形影不离的好朋友。我们一块儿上课，一块儿吃饭，一块儿外出。走在街上，如果前面有沟沟坎坎，婷婷就会提醒我当心；如果身后有疾驰而来的车，我也同样会把婷婷拉到安全的地方。

婷婷从来没有听过音乐，也无法体验音乐的美妙。我给婷婷讲歌和曲的区别，让她了解什么是节奏，帮助她用心去感受音乐的美。当婷婷终于唱出了“世上只有妈妈好”时，她激动得满眼泪花。

周婷婷：有时候同学们被一个笑话逗得前仰后合，而我还不知所以然。王峥就一遍一遍地讲给我听。最后这个笑话对她来说都成了“白开水”了，我才哈哈大笑起来。王峥把这称为“迟来的笑”。

王峥：艰难的求学经历使我变得很忧郁，总是把事情想得太坏、太糟，是婷婷教我学会了保持“太好了”的心态，使我变得开朗、轻松、快乐。

周婷婷、王峥：如果有可能，我们想出国深造，学成后为中国的特殊教育贡献力量，于是我们以“海伦·凯勒”为名组成了联合舰队。这一年多来，我们深深感到联合舰队的强大力量，这就是合作的力量。

王峥：只要婷婷在我身边，即使前方的道路荆棘密布，我也毫不畏惧。

周婷婷：只要王峥在我身边，无论将来遇到什么样的困难，我都充满信心。

最后，她俩希望通过知心姐姐向全国小伙伴转述她们的心愿：

亲爱的小伙伴们，不要因为自己是残疾人，就整日地抱怨命运的不公；不要因为家境贫寒，就让心中的希望之光黯淡；不要因为成绩不好，就认为自己不如别人而自暴自弃；不要因为父母离异，家庭不幸，就从此背上沉重的思想负担；不要因为小小的失误而一蹶不振……这些不幸、痛苦、困难、挫折、失败会使我们变得更加坚强，更加执着，它们将成为我们前进的动力。

金无足赤，人无完人；尺有所短，寸有所长。我们要善于发现自己的优点，看到自己的长处，发挥自己的优势，这样我们才能有信心、有力量战胜自己的缺陷和不足。我们同样能够适应时代的要求。

伙伴们，请组成自己的联合舰队吧！让视力障碍的伙伴与听力不好的伙伴联合，让胆大粗心的朋友和胆小细心的朋友联合，让富裕地区的孩子同贫困地区的孩子联合，让成绩优异却冷漠、孤僻的同学和成绩不佳但开朗、热情的同学联合……让我们互相帮助，取长补短，让一个个完美的组合在我们中间产生，让每一位联合舰队的成员都体验到自己存在的价值。在我们需要他人的同时，他人也需要我们，社会需要我们，世界需要我们。

当你看完残疾大学生周婷婷、王峥合作的故事，你不觉得心灵受到强烈的震撼吗？

一个是无声的世界，一个是无光的世界，然而谁也没想到，两个不完整的世界联合起来，撞击出的生命火花，竟是那样光彩夺目，竟是那样的美好。

周婷婷听不清看得清，她不为自己耳聋而悲伤，却为自己眼明而自豪，她做了王峥的眼睛；王峥看不清听得清，她不为自己视障而悲伤，却为自己耳灵而自豪，她做了婷婷的耳朵。

就这样，你帮我看，我帮你听，“海伦·凯勒联合舰队”扬帆远航了！她俩的故事被拍成电影，片名叫《不能没有你》。片中，她俩自己演自己，获得了很大成功。

她们的成功，充分显示了合作的力量！

每个人都有长处，也都有短处，不可能十全十美。如果人人都能取长补短，扬长避短，会比一个完美的人力量大得多。

合作，是世界发展的潮流；合作，将创造出生命的奇迹！

我相信，“海伦·凯勒联合舰队”一定会顶住命运的狂风暴雨，在生命的航道上全速前进。

少年队员与知心姐姐等在一起，懂得了合作的重要性。

给爸爸妈妈——
换个角度想一想

一家医院的小病房里住着两个病人。由于房间很小，只有一扇窗子可以看见外面的世界。其中一个人，在他的治疗中，被允许在下午坐在床上1小时（有仪器从他的肺中抽取积液），他的床靠着窗。而另一个人终日都得平躺在床上。

每天下午，睡在窗旁的那个人在坐起的那1个小时中，他都会把窗外的景致描绘给另一个人听：从窗口向外看，可以看到公园的湖，湖里有天鹅，孩子们在那儿撒面包屑、放模型船，年轻的恋人在树下携手散步，在鲜花盛开、绿草如茵的地上，人们玩球嬉戏……还有美丽的天空。

另一个人倾听着，享受着每一分钟。他也“看到”一个孩子差点跌到湖里，一个美丽的女孩儿穿着漂亮的夏装……临窗病友的叙说，几乎使他感觉到自己就生活在外面的世界里。

然而，在一个天气晴朗的午后，他心想：为什么睡在窗边的人可以独享看到外面世界的权利呢？为什么我就没有这样的机会？他觉得不是滋味，他越这么想，就越想换床位。他一定得换才行！

那天夜里，他盯着天花板瞧，临窗的病人忽然醒了，拼命地咳嗽，一直想用手按铃叫护士来。但这个人只是旁观而没有帮忙……尽管他感觉同伴的呼吸几乎要停止了。

第二天早上，护士来的时候，临窗的人已经死了，他的尸体被静静地抬走。

这人问护士，他是否能换到靠窗户的那张床上。他们搬动了他，帮他换位了，使他觉得很舒服。他们走了以后，他拼命用手支撑起自己，吃力地往窗外望……

但，窗外只有一堵空白的墙。

当我第一次读到这个故事时，久久不能平静。那两张病床，那病床前的窗时时在我眼前闪动。从中我悟出这样一个道理：与人合作，要学会换位思考，即换个角度想一想。有时，人们常常表现出“以小人之心度君子之腹”，爱用怀疑的眼光看对方，这样往往误解人家的本意。如果换个角度想想，将心比心，就会发现对方的优点，诚心与人合作，向人学习。在两个人合作的世界里，由于合作的心理不同，其后果也是不同的。能为别人着想的人，虽然死去了，但他的心中永远是一片晴朗的天空；而自私阴暗的人，虽然活着，但心中永远只有一堵白墙。

在家庭中，我们做父母的要为孩子想一想，想一想自己小时候，像孩子这么大时，遇到每件事是什么心情。换位想想，假如我是孩子，我会怎样……这样，就能理解孩子的心事，有事就会和孩子商量着办。反过来，做孩子的也要替父母想一想，想一想父母把自己养大有多不容易，父母是发自内心的为自己好。孩子也换位想一想，假如我是父母，我会怎样……这样就容易体谅父母的苦衷，体贴父母，理解父母的教导。

共同的话题六

你见到过从空中飞过的成群的大雁吗？如果你留心看，就会发现它们是以人字形飞行的，而且人字形的一边比另一边长些。这些雁定期变换领航者，因为为首的雁很辛苦，它在前头开路，能帮助左右两边的雁飞行起来轻松。科学家曾在风洞试验中发现，成群的雁以人字形飞行，比一只雁单独飞行能多飞12%的距离。人类也是一样，要能跟同伴合作而不是争斗的话，往往能飞得更高、更远、更快。

现在已经进了一个新的世纪。那么，什么样的人能够适应新世纪呢?

21 世纪需要三种能力，分别是人际关系能力、沟通能力和合作力，这三种能力，总称为人际运作能力。21 世纪，合作一定会代替对抗。在这样的一个时代里要成为成功的人，一定要具备高度的人际运作能力，学会与他人一起生活和工作。

谁都希望自己能够与他人友好相处，成为一个受欢迎的人。

但是，与人相处可大有学问。

究竟应该怎样做，才能获得成功呢?

从许许多多同学成功的经验中,我们可以总结出“与人相处六大秘诀”。

一、尊重别人的意见

跟别人交谈的时候，不要一开始就否定别人的意见，而应该先考虑别人意见合理的地方，从双方都同意的事情开始。

二、看到别人的作用

不要觉得只有你一个人重要，要认识到每个人都很重要，并且使对方觉得他自己是个“重要人物”。

三、赞美别人的好处

每一个人都有被人赏识的渴望，能够及时发现并真诚赞美别人长处的人将受到大家的欢迎。

四、学习别人的长处

每个人都有长处，善于取长补短的人是最有力量的。

五、感谢别人的帮助

在你每天所到的地方，不妨多说几句感谢的话，留下些友善的小火花。这些小火花会点燃起友谊的火焰。

六、原谅别人的过失

人无完人，谁都会有过失。我们要多记住别人的好处，不要总把别人的过失记在心中。真诚地希望你能处理好人际关系，拥有更多的朋友。

知心姐姐与孩子们在夏令营活动中。

第七章
没有规矩，不成方圆

给孩子——诚实守信

“人不可能都成为英雄，但人人都要有英雄气。”

这句话，是 1998 年抗洪抢险中壮烈牺牲的英雄战士李向群说的。

什么是“英雄气”呢？在和平年代，诚实勇敢、知错就改的人就可以称得上有“英雄气”。

“李向群从小就有英雄气！”在我去李向群生前所在的海南省琼山市东山中学采访时，老师们都这么说。他们给我讲了李向群上初中时的几个小故事。

一天傍晚，夕阳西下，李向群和几个同学在操场上踢足球。李向群一脚射门……不想，球偏了——直飞教学楼二层，刹那间，一整块玻璃被击得粉碎。

“怎么办？”所有的人都呆了。

“反正没人看见，我们赶快逃，不然学校知道要罚款的。”“对，谁都不说出去，学校也查不到。”几个人七嘴八舌商量着，只有李向群默不做声。

“怎么啦，你说话呀！”同学们围着李向群问。

“做人要诚实，玻璃是我踢球打坏的，我自己来赔吧。不能因为我打破了玻璃使你们几个挨学校批评，更不能因为我而使这个班受影响。”李向群认真地说。

听李向群这么一说，几个同学不再吱声了。

当天晚自习时，李向群买来一块儿玻璃，老老实实地向班主任认了错。

“知错认错是好样的！”班主任当众表扬了李向群，并号召大家向他学习。

还有一次，在实验室上化学实验课时，李向群那个小组不小心打破了一盏酒精灯。当时，在场的几个同学都很紧张。

化学老师是一位和蔼可亲的老教师，他看同学们很害怕的样子，就安慰同学们说：“化学仪器是很轻小易碎的东西，应该小心轻放，你们以后小心点就是了。”

没想到，第二天上化学课时，李向群买来了一盏新的酒精灯交给老师，并对老师说：“虽然灯不是我打破的，但我是组长，所以是有责任的。我代表我们组的同学把灯赔给学校。”这件事，让化学老师很是感动。

听了李向群的故事，我看到了他的“英雄气”：大英雄正是从小勇士成长起来的。

什么是小勇士呢？就是诚实守信、知错就改的人。

人的一生中，谁能保证做事不出错呢？一个孩子正是在不断地犯错误又不断地改正错误中长大的。

正像毛泽东同志对一些领导干部说的那样：“无数革命的先烈为了人民的利益牺牲了他们的生命，难道我们还有什么个人利益不能牺牲，有什么错误不能抛弃吗？”

你想当英雄吗？那么就从诚实守信、知错就改开始吧！

说到守信，我们会记起古代大哲学家老子的一句话：“轻诺必寡信。”意思是说轻易答应别人一件事，就一定没有足够的信用。

没有信用的人，不会有朋友，也不会有事业上的成功。

在这方面，某大公司的总经理林先生有很深的体会。在一次聚会上，他讲了自己小时候的一段故事：

> 我上小学时是班长。一天，一位同学生病了没来上课。老师让我去看望这位同学，并告诉他当天的作业，我随口就答应了。可是一放学，我光顾着玩，把答应老师的事忘得一干二净。第二天，老师知道了，把我叫到办公室，让我伸出手，用铜尺使劲儿打了我三下。老师十分严厉地对我说："你昨天答应我要去，可你没去，你不守信用，不负责任，没有爱心。今天我惩罚你，是让你记住人不守信用将一事无成！"
>
> 老师的话我记了一辈子。长大后我当了公司总经理，一直不敢忘记老师说的话。今天是教师节，我真想对老师说一声："谢谢您，老师！"

场上响起了热烈的掌声。

会后，他真的回到了故乡去找他的小学老师。可是，老师已经去世了。他来到老师的墓前，在墓碑上看到了老师的遗嘱：

> 我没有死
> 我将生命交奉给一千名我的学生
> 不要为我哭泣
> 我从来没有低估我的生命
> 直到此刻
> 人生七十回头望
> 我非常满意
> 我足足送出一千份的关怀
> 我没有死
> 我把关怀别人的方法传授给一千名我的学生

我的学生将用这个方法来关怀别人

我要休息了

我可以休息了

这位乡村小学老师的话是多么感人。他传给1000名学生关怀别人的方法之一，就是说话算数不失信。林先生记住了老师的话，也一直严格地遵守着这个承诺，所以他成功了。

我们少年儿童如何做到信守承诺呢？那就是，答应别人的事情之前，一定要慎重，认真地想一想，自己能够做到再答应；一旦答应了的事，就要千方百计地去做好，这样你才能不失信于人，你才值得别人信任。

知心姐姐热心地帮同学们解答问题。

给爸爸妈妈——
说话不算数的家长没威信

常常收到孩子们写给“知心姐姐”的信，诉说他们对“说话不算数的家长”的意见。

一个男孩儿说：“我爸说，只要我考试得了100分，星期天就带我去公园玩。我真的考了100分，爸爸却说他没有时间。”

一个女孩儿说：“我妈说，写完作业就让我出去玩。我写完了，她却不让我出去玩了，还让我做练习题。”

家长们就是这样一次次“说话不算数”，失去了孩子的信任，也失去了自己在孩子心中的威信。

家长失信于孩子，害处相当大。

第一，这会让孩子觉得，一个人说话可以不负责任，答应的事也可以不办，于是从小就养成了“轻率”的坏习惯，长大以后就会因为“失信”而失去朋友和大家对他的信任。

第二，家长会失去自己在孩子心目中的威信。家长的威信从哪里来？主要来自自己的言行。说话算数、说到做到的家长，会使孩子重视他们所说的每一句话，从小向他们学习“言出必行”。

那么，家长怎样才能做到“说话算数”呢？

重要的是不轻易许诺、不随便许愿。不要为了达到自己眼前的目的，就随便答应孩子的任何要求。当孩子提出要求时，您一定要认真想一想，这种要求是不是合理、能不能兑现。只要是合理的、能兑现的，您就认真地承诺，然后一定去兑现。假如这个要求不合理、不可能兑现，您一定不要答应，而要耐心地和孩子一起研究出可行的办法再答应。

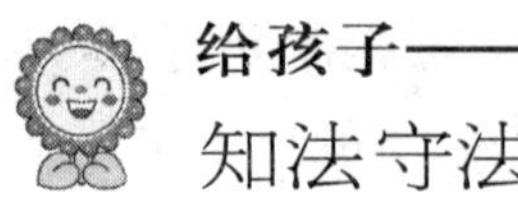

给孩子——知法守法

在一次纪念三八妇女节的大会上，我见到了一位女律师。她就是全国人大代表、黑龙江省齐齐哈尔市凤生律师事务所的迟凤生。

交谈中，迟律师给我讲了这样一件事：

4名男学生在街上玩，其中一个有劣迹的学生说："走，我带你们兜风去！"于是，4个人上了一辆"面的"。行车途中，坐在前面的那个有劣迹的男生突然亮出一把匕首，对着司机大喊："快把钱交出来！"坐在车后面的3个男生一看到这情景，开始一愣，之后认为："哥们儿有事，咱得帮忙呀！"于是3个人一起也大声喊道："快把钱交出来！"司机被迫交出了钱，但后来去公安局报了案，4个人被抓了起来。有劣迹的那个男生被判犯有抢劫罪，另外的3个学生也因为跟着喊了"快把钱交出来"而被认定参与了犯罪，也被判了刑。其中一个男生不服气，认为是闹着玩，不认罪，结果又被加判了1年刑期。

迟律师痛心地说："3名学生的父母来找我'救'他们孩子的时候，痛不欲生。这是他们唯一的孩子呀！我的孩子和他们的孩子差不多大，我能不痛心吗？请您告诉孩子们，一定要有法制观念，不是什么玩笑都能开，也不是什么忙都可以帮，做什么事之前都要先想一想后果！"

我想，你听了迟律师的话一定会领悟到这样一个道理：我们生活在一个法制的社会里，每个人都要遵纪守法。如果违法乱纪，无论是谁，都要受到法律的制裁。以后做事，一定要想想后果，三思而后行。

"思"什么呢？

一思，这个忙应该不应该帮？不要只讲哥们儿义气，不应该帮的忙只劝不帮。

二思，这件事应该不应该做？不要只跟着瞎起哄，不应该做的事一定不做。

三思，这样做违法不违法？不要只图一时痛快，违法的事坚决不做。

知心姐姐鼓励学生从书本中学做人。

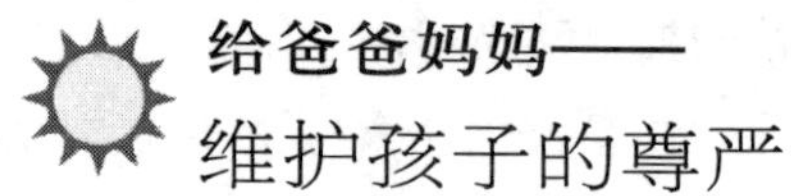

给爸爸妈妈——维护孩子的尊严

一天，我们报社的摄影记者拿来一张报纸，指着上面的一张照片气愤地说："你看看，这样残害孩子，太不像话了！"

照片上，一个胖胖的男孩儿，背着书包跪在马路边，一边哭一边望着身边怒气冲冲离去的母亲的背影。后来经过打听，我了解到，这位母亲在接孩子放学回家的时候，得知孩子在期中考试中成绩名列全班倒数第一，一气之下，便罚孩子在路边当众下跪。透过孩子那痛苦的面容，我仿佛看到了他受伤的心灵。这位母亲用"跪在街头"的手段来惩罚成绩不好的孩子，最大的伤害是损害了孩子的人格，伤害了孩子的尊严。

尊严是人类灵魂中不可糟蹋的东西。有一位作家曾经说过："人受到震动有种种不同，有的是在脊椎骨上，有的是在神经上，有的是在道德上、感受上，然而最强烈的、最持久的则是在个人的尊严上。"一个从小失去尊严的孩子，长大后很难堂堂正正地做人，很难拥有健全的人格。

一般来说，人格是"引导一个人做出善行的内在品质"。少年时期，人格教育十分重要，它可以开发人的良知和才能，使其身心得到全面成长与成熟，从而去实现人生的理想。如果孩子的人格从小受到伤害，那对他的一生都会有恶劣的影响。前南斯拉夫一位记者来到中国少年报社做客时讲过一句话："战争毁坏的房屋是可以修复的，但是，战争在孩子心灵中留下的创伤是无法修复的。"作为父母，对于自己的孩子，要永远充满爱意，即使孩子犯了再大的错误，哪怕是犯了罪，也不能说"你给我滚出去"这样的话。因为，家永远是孩子安身立命的地方，除了家，他再也没有什么地方可以去。

谈到少年犯罪，时任全国政协委员、社会与法制委员会副主任委员的巫昌桢对我说过：“你要告诉家长们，孩子犯了罪，不要抛弃他、歧视他，更不能把他推到社会上去，那实际上是把孩子往火坑里推。挽救犯罪少年，不但要靠社会的教育，更要靠父母的爱。犯了罪的孩子，最需要的也是父母的爱和家庭的温暖。”

谈到孩子因父母犯罪而受到歧视的情况，作家孙晶岩说：“罪犯的孩子不是罪犯。”她还向我介绍了这样一个特殊的村庄。

在陕西省三原县有一个中华慈善总会开办的，专门收留因父母犯罪而流离失所的孩子们的儿童村。

儿童村的每一个孩子，心灵上都有创伤。4 岁的黑豆，在进儿童村前已经给别人当了 1 年的放羊娃了。他挨打受骂，脊椎骨更是被打得变了形，小小的脸上也是伤痕累累、布满了血痂。儿童村的孩子们，刚开始时都敏感、多疑、警惕，对别人存有戒心。是老师们用爱心抚慰了他们受伤的心灵，在这个温暖的大家庭里，他们渐渐感受到了平等和自尊，产生了奋斗的信心和勇气。

12 岁的张璐曾经当选为西安市灞桥区的十佳少年，在儿童村里他学习十分刻苦，代表儿童村参加三原县中学生英语考试得了三等奖，初中时就加入了共青团；11 岁的戴海云擅长画画，儿童村的老师就为她请来陕西师范大学艺术系的老师对她进行辅导，使她的画艺进步很快，受到了专家和外宾的称赞和好评……

一个人从小没有受到社会公正的对待，便很难公正地对待社会；相反，如果从小能够受到社会公正的对待，便能够公正地对待社会。

在全国少年儿童“好队长”的评选中，石家庄市一名叫姚俊峰的淘气而又热心的男孩儿，被同学们推选为“金猴型好队长”。当时他的父亲因犯罪正在监狱里服刑，当他听到儿子当选的消息时，不禁失声痛哭。这位父亲从内心感谢党、感谢少先队组织公正地对待自己的孩子。他哭着对前去探望的儿子说：“你没有因为我犯罪而受到歧视，反而还获得这么高的荣誉，我真是做梦都没有想到啊！儿子你可要好好珍惜呀！”父子俩约定，一个好好地

接受改造，一个好好地学习。结果，父亲由于表现好，被提前释放；姚俊峰的进步也很大，中学毕业后，他成为一名光荣的解放军战士，还加入了中国共产党。

事实告诉我们：每一个从小受到充分尊重的孩子，无论他今天有什么不是，将来注定会用他的爱心去回报社会的。

听了知心姐姐的报告，孩子、家长都豁然开朗。

给孩子——
学会保护自己

你会保护自己吗？

假如你被人绑架，你能逃脱自救吗？

天津市南开小学11岁的谢尚逸就能凭着勇敢和智慧死里逃生。谢尚逸跟随父母从浙江温州来到天津上学，他的姑姑经营的鞋业买卖兴隆，家乡人都挺羡慕他们。但也有4个坏家伙起了罪恶的念头，就是绑架小尚逸，敲诈他们家的钱财。

一天早晨，4个坏蛋隐藏在谢尚逸上学的途中，并用温州话叫住了背着书包上学的谢尚逸。

“我们是老家来的，给你姑姑捎来盘录像带，请你拿走。”4个人说着，把小尚逸引到早已准备好的一辆桑塔纳轿车前，等尚逸刚刚靠近，冷不防将他推进汽车里疾驰而去。

谢尚逸顿时明白了，自己的处境十分危险。他先央求对方说：“叔叔，我还得考试呢，你放了我吧！”

歹徒说：“你再说话，就弄死你！”

聪明的小尚逸没哭也没闹，心里一直盘算着怎样脱离虎口。首先，他想到的是应该让家长及时知道自己的情况。于是，他央求说：“能不能告诉我爸爸一声，我今天考不成试了。”

歹徒自以为实施敲诈的机会到了，便问了谢尚逸家里的电话。7点40分时，他们打通了谢尚逸父亲的电话，称小尚逸被绑架了，让谢尚逸的父亲交出50万元的赎金来换回谢尚逸。

8点左右，家人向管界派出所报了案。南开公安分局刑侦支队一大队迅速开展全面侦查。

从上午10点到下午4点，歹徒多次打电话威胁谢家，最后双方约定在北京某地交钱。南开公安分局刑警迅速赶往北京，会

同北京警方在约定地点守候了5个小时。

下午3点多，谢尚逸被歹徒押到保定市郊区事先准备好的一间8平方米的小平房里。歹徒把小尚逸的手脚死死捆住，将他扔在地上。

“哎哟！”小尚逸大声喊着痛，“我被绳子勒得血液不通，一会儿死了，我爸爸肯定不给你们钱。”

歹徒一听，怕谢尚逸真的死了，自己的计划也落了空，便将他手脚上的绳子松了松，并用一床棉被铺在地上，把他放在了上面。歹徒们将门锁上，开车去北京接钱了。

小平房的窗子已经用木板钉死了，里面黑得吓人。可是小尚逸很镇静，他静静地躺在棉被上倾听着外面的动静。

外面一点声音也没有了，谢尚逸确认歹徒们已经走远，就用舌头慢慢地顶出堵在嘴里的破布，然后使劲儿扭动着身体，蹭到屋内唯一的立柜前，用立柜的棱角拼命摩擦着绑在胳膊上的绳子……整整两个小时，终于将双臂上绑着的绳子磨断。谢尚逸又解开脚上的绳子，走到窗户前，使劲儿地掰窗户上钉着的木板。终于，他将一块木板掰了下来。

可以逃出去了！谢尚逸没有忘记自己的书包——他先把书包扔出窗口，自己才跟着钻了出来。

他快步离开小平房，匆匆往前走。他低头走着，直到看见迎面走来一位老大爷，他才上前求救。

“老大爷，您好！我想问一下，这是哪儿？”

“这是保定啊！”老大爷十分惊讶。

“老大爷，我被人绑架了，您能帮助我吗？”

“那得上公安局啊！”

“我是被人从天津绑来的，求求您救救我吧！”说完，谢尚逸向老人深深地鞠了一躬。

老人说：“孩子，快过来，我帮你想办法。”

老人托人将小尚逸送到了派出所。保定警方立即通知了天津警方。

天津市南开分局刑侦支队一大队迅速派人赶到保定接小尚逸，并在那间小平房附近埋伏下来。

第二天凌晨，3 名从北京取钱返回的歹徒被抓获。公安干警又顺藤摸瓜赶到石家庄，将另一个准备接应的歹徒抓获。

从案发到破案，仅仅用了 22 个小时。大家都夸奖谢尚逸的机智勇敢，帮助警方迅速破获了这起绑架案。

天津市南开区南开小学召开大会，表彰四年级的学生谢尚逸在“3 · 7”特大绑架案中，智斗歹徒、巧妙脱身的英勇行为，称他是“机智勇敢好少年”，并号召全校师生学习他的勇敢精神。

听了谢尚逸的故事，你一定也很佩服他吧，他的确很棒！

谢尚逸被绑架后临危不惧，遇险不慌，他首先想到要跟家中取得联系，依靠父母来救他，这是他最聪明的地方。假如他不知道家中的电话号码，或不能想出好主意骗歹徒给爸爸打电话，他就有可能受到伤害。

另外，他逃出来后，能沉着冷静地处理问题，选中可靠的老人求救，获得了有效的帮助，这又是他智慧的表现。假如他跑出来后慌里慌张，找错了人求救，也许会再入虎口。

通过这件事，我们可以看到机智和勇敢是自救的武器，知识与能力是自护的法宝。我们要从小学会自护自救。

如果你独自在家，有陌生人敲门，无论他说什么好话，你一定不能开门；如果他还是不断地敲，你就小声而有力地说：“别敲了，我爸爸正在休息！”如果你经常一个人在家，可以事先把爸爸说话的声音录在磁带上，遇到有人敲个不停时，你就打开录音机，把爸爸的声音放出去。坏人听了，以为你的爸爸在家，就会被吓跑。如果有人撬门，你要立即从窗口大声呼救，或者用电话拨打 110 报警。

如果你独自走在回家的路上，有陌生人尾随你时，你千万不要慌，可以跑到人多的地方把“尾巴”甩掉；如果那人紧跟着不放，你可以大声呼救，或者赶快去告诉警察。要注意，千万不能让陌生人尾随着你回家，更不要逃到废弃房屋、死胡同等没人的地方。

如果你独自乘坐公共汽车，有人对你无礼，你要大声叫喊，千万不要害怕。你大声叫喊,坏人反而害怕了,就不会再纠缠你了。

如果你住的楼房着火，一摸家门的把手已经烫手，这说明外面的火势很大了。这时候，你千万不要出门，而要马上用水把全身的衣服弄湿，用湿毛巾捂住口鼻，迅速地躲在便于通风的窗户边，等待消防队员来救你。

如果你在家学着炒菜不小心使油锅着了火，你要迅速盖上锅盖或者放进已经切好的蔬菜，让火与空气隔离，千万不要往油锅里放水。

如果你外出游玩，也一定要注意安全，远离危险，不要让自己伤着、碰着。假如发生了意外，比如身上起火，你也不必惊慌，只要就地打几个滚儿，身上的火就会灭掉。

如果你发生骨折，要马上用凉水敷，不要用热水，以免血管扩张、伤口红肿，最好还要用硬板固定住伤处，等待医生处理。

如果你要确保安全，不要把贵重物品随意显露出来，最好不要穿价格昂贵的服装、鞋子上学，更不要带太多的钱出门，不要独自去游戏厅玩，小心被不怀好意的人勒索钱财。

如果你因各种情况，放学回家很晚而又没有同学陪伴时，应该在学校给家里或熟人打个电话，请求来人把自己接走。

……

你要背熟自己家、父母单位的电话号码及自己家的住址，但不要告诉别人，尤其不要在公共场所跟同学说起，以防坏人有机可乘。

总之，自护自救的能力要从小培养。父母、老师、亲友不可能时时刻刻在你身边保护你，随着你慢慢长大，你要学会独立生活、独立做事，所以就要学会保护自己。你的生命是爸爸妈妈送给你的最珍贵的礼物，你可要好好保护呀！

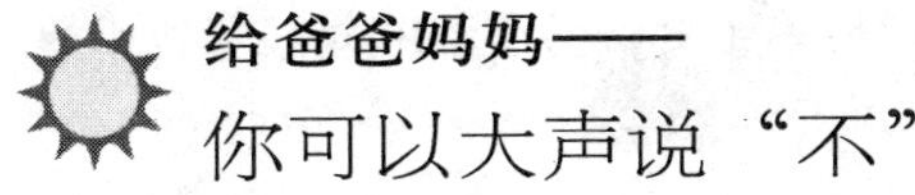

给爸爸妈妈——你可以大声说“不”

维护人格尊严是公民的基本权利。我国《宪法》第38条明确规定：“中华人民共和国公民的人格尊严不受侵犯。”《未成年人保护法》第4条规定：“要尊重未成年人的人格尊严。”第8条规定：“父母或者其他监护人……不得虐待未成年人。”儿童也是公民，假如你孩子的人格尊严受到侵犯，你要告诉他，可以大声说：“不！”

《中国少年报》曾经报道过一件教师侵害学生权利的事件。

事情发生在1999年的一天。新疆维吾尔自治区尉犁县塔里木乡某小学四年级的学生张勇海，因为没有好好打扫卫生，班里卫生区内有一根秸秆没有捡干净，被学校卫生检查员扣掉1分。班主任十分生气，下令让全班同学每人打张勇海3个耳光。轮到第三个同学打时，张勇海已经哭了起来，但他还是哭着走到每位同学面前，等着让他们打自己耳光。挨了90个耳光后，张勇海被打得耳中嗡嗡乱响、左脸肿起、左耳鼓膜内陷充血。在辗转求医、休养了两个月后，张勇海才返回学校。

《中国少年报》的特约记者潘红柳找到张勇海及其同班同学小伟、小龙、小辉、小丽（化名），与他们进行了座谈。

据几位同学讲，班主任一般管挨打叫领赏。“有时老师自己打，有时让同学打，有时让自己打自己，老师不说停就不能停。”全班包括班干部，个个都“领过赏”。他们被打的理由一般是：提问回答不上来、考试不及格、没有完成作业、做错了事等。如果学习好的同学考试成绩不到80分以上，也要“领赏”。对班主任的这种做法，他们都认为是自己错了，应该挨打。只有小丽一个人认为，老师这样做是不对的。他们5个人几乎都有被自己家长痛打的经历。其中张勇海曾被爸爸扒掉了裤子，用柳条抽打屁股；小伟常常挨扫帚打。他们在学校挨了打，回家都不敢跟爸爸妈妈说，怕再挨一顿打。

几个孩子认为，要是被妈妈打的话，跑了也没事，要是被老师或者爸爸打时，“吃了老虎胆也不敢跑”！

当记者问起“老师让你们打自己的同学，你们怎么办”时，孩子们说，老师让打，不打不行。不听话老师还会打他们，或者让那些打人手重的同学打自己。在班上，打人最狠的同学常常受到老师的表扬；打人轻的同学会被批评或者挨打。据这5名同学讲，他们从二年级就开始学习法律，但问起未成年人应该具有什么权利时，他们都说不清楚。

一位律师自愿给他们讲解了《未成年人保护法》《教育法》等法律法规的有关部分，孩子们才知道他们受着什么样的法律保护，才知道无论任何人，包括自己的父母和老师，都没有权利随便打骂或者体罚自己。

最后，5名同学每人说了一句自己最想说的话。

小丽：“希望老师今后不再打人。”

小伟：“希望老师别太厉害了。”

小辉：“我回去要把这些告诉同学。”

小龙：“我一定好好学习法律，保护自己。”

张勇海：“今后不管是爸爸打我，还是老师打我，我都要大声说，不！你没有权利这样做！”

孩子们终于觉醒了。他们知道了法律是可以保护自己的。

在家长的头脑中，往往有一种错误观念：“老师怎么会有错呢，一定是孩子不听话！”有的家长甚至对老师说：“我这个孩子交给您了，您看着办吧，要是不听话，您就打他。”这些都反映出家长对儿童的保护意识非常差。

家长这种认识误区会直接影响孩子的身心健康。当孩子在学校或者社会上受到什么委屈、挨了打，回家总不敢告诉父母，怕父母不但不会同情理解，反而还会再打上一顿。于是，孩子就把委屈憋在心里，长期的压抑和心灵的伤害，使他们有的变得胆小怕事、畏缩不前、自卑自弃、逆来顺受，走向社会也抬不起头来，这种孩子很容易上当受骗；有的则产生强烈的反抗意识，对弱小的同学施暴以发泄心中的不满，这样的孩子极易走上犯罪的道路。

一位工读学校的校长曾经讲过："可以肯定地说，进入工读学校的这些行为偏常的学生，之所以行为偏常，主要原因是原来所在学校在教育上有或多或少的失误，家长可能也应该负一定的责任。那些受了冤枉没处说理的学生，犯了错误得不到改正机会的学生，非常容易在这些打击和挫折中不知不觉形成一种扭曲的个性，或者产生不健康的心理。"

我国已经出台的保护儿童权利的有关法律告诉我们，儿童不仅有生命权、健康权、受教育权和发展权，同时儿童还享有学校保护、家庭保护、社会保护等权利。

我们要把孩子培养成堂堂正正的人，那么就要教育孩子面对侵犯自己权利的任何行为时，都要大声地说："不！"

共同的话题七

你爱做游戏吗？

做游戏时，我们常说的一句话是："你犯规了！"

你爱看球赛吗？

赛场上最活跃的是运动员，最忙碌的是裁判员。裁判员用两只眼紧紧盯住双方运动员，必要时亮出黄牌，表示"你犯规了"，有时还要把特棒的运动员无情地罚下场。最可惜的是有的运动员已经摘取了比赛的桂冠，但体检中却发现他服用了兴奋剂，因此被取消获奖资格，因为他违反了比赛规则。

规矩，是一定的标准、法则和习惯；规则是规定出来供大家共同遵守的制度或章程。

任何游戏、任何赛事都离不开规矩和规则；在我们人类的共同生活中，更离不开规矩和规则。我国制定了

许多法律和法规，用来规范人们的行为，只有人人都遵纪守法，整个社会才会正常运行。如果人人谁想怎样就怎样，天下就会大乱，人们将无法共同生活；如果车想怎么开就怎么开，那每天将有很多车祸发生。

没有规矩，不成方圆。

行路你要遵守交通法规。我国的交通规则规定：人要靠右侧行走，车辆也要靠右侧行驶，横过马路时人要走人行横道，如果有信号灯，就要服从信号灯的指挥——红灯停，绿灯行。

乘车时你要遵守乘车规矩，你每天上、下学乘车时，必须守规矩，如排队上车不乱挤；车在行驶时扶好、站稳，不把头伸出窗外；不往窗外扔东西；不和司机说话；不再扒车；不超员乘车；不在车行道上打的……

有一次，一辆载满旅客的客机在空中发生事故，经几次大起大落后终于着陆，机上许多旅客受伤，而所有的日本旅客却无一人受伤。因为他们每个人上飞机后都按规定系好了安全带。所以，你想平安无事，一定要认真守规矩。

人只有遵纪守法，法律法规才会保护你。

第八章 学会学习终身受益

给孩子——要学会思考

俗话说:“眉头一皱,计上心来;灵机一动,难题解开。”意思是,如果一个人会思考,那么做事、学习就容易获得成功。

人善于思考其实就是善于提出疑问,也就是要学会提问题,学会问“为什么”。

我们都知道蒸汽机的改进者是瓦特,如果他在幼年的时候,看到烧开了水的壶盖被热气顶开的情景,并没有仔细想,没有问几个“为什么”的话,那么肯定不会使世界进入“蒸汽时代”。也正是由于瓦特对事物仔细观察、认真思考,才为他后来的成就打下了良好的基础;也正是由于他对事物仔细观察、认真思考,使自己成为第一次工业革命中的名气最大的发明家。

如果你也想成为一个会思考的人,请跟我一起来做一种开启思维的训练吧!

其实,这种训练的方法十分简单,就是要求我们遇事学会“加一加、减一减、扩一扩、缩一缩、变一变”,也就是说对于任何事物,我们都要从多个方面来认识它,都要往多个方面想一想。经常进行这种思维训练,非常有利于训练自己的思维,说不定哪一天你也可以成为一个发明家呢!

人在少年儿童时代最容易产生好奇心，好奇心又往往是创造性思维的开始。问题是，有的孩子善于提出疑问并且善于思考，而且懂得如何在实践中体验；而有的孩子却不善于思考，更懒得去实践，结果造成了在一样的成长环境中长大的孩子，却产生了思维差异很大的现象。前面那种孩子具备了成为有创新精神和实践能力的人才的良好素质；而后一种孩子却只能变成人云亦云，没有什么竞争和发展能力的平庸之辈。

善于提问、善于思考的好习惯是要从小培养的。如何培养呢？是不是很困难？我的回答就是：做好自己的作业。

你一定会觉得这像是在开玩笑吧？但如果你听了下面这个故事，我相信，你就不会再有这样的想法了。

讲故事的是一位带着儿子在美国学习的父亲，故事讲的是“美国小学生的家庭作业”。

当我把9岁的儿子带到美国，送进美国小学时，我像是把自己最心爱的东西交给了一个我并不信任的人保管一样，整天忧心忡忡。

儿子放学之后，常去图书馆，背回一大书包的书，边看书边玩着电脑。当我问他，借这么多书干什么用时，他头也不抬地回答：“作业！”

一看电脑屏幕上的标题，我简直有些哭笑不得——《中国的昨天和今天》。这样的题目，就是博士论文也未必敢用这么大的口气啊！我问儿子，这是谁的主意。儿子坦言相告：老师说美国是移民国家，是来自不同国度的人组成的社会。每一个同学要写一篇介绍自己祖先生活的国度的文章，不仅要概括这个国家的历史、地理和文化，还要分析它与美国的不同，最后还要说明对它与美国的自己的看法。我听了，连叹息的力气和精神都没有了：“这也叫作业？”

过了几天，儿子完成了作业——一本20多页的打印出来的小册子。这里面写得可谓是热热闹闹：从九曲黄河到象形文字，从丝绸之路到五星红旗……这时的我有点发蒙：一是看到他把作业分出了章与节，二是在文章最后还列出了参考书目。这不是我读了研究生之后才运用的写作方式吗？

儿子上六年级时，老师布置过一次关于“二次大战”的作业，一连串的问题居然让我也有些意外呢：“你认为谁该对这场战争负有责任？”“你认为德国失败的原因是什么？”“如果你是杜鲁门总统的高级顾问，你将对美国投放原子弹持什么意见？”“你认为避免战争的最好办法是什么？”

看着12岁的儿子为完成作业而兴致勃勃地看书、查资料的样子，我不禁想到当年我学战争史的情形：按照年代、地点硬背下发生的事件和书中的有关结论，明知是迂腐而无益的，但为了通过考试，又怎么能不这样做呢？

从上面的故事里，我们看到了一种与我们平时完全不同的做作业的方式，那就是：通过思考来完成所做的作业。

其实，这样的作业你不是也做过吗？在“手拉手共话祖国50年”的书信比赛中，你不是也调查过自己家乡的昨天、今天，描绘过它的明天吗？你不是也将这一切告诉了你的好伙伴吗？所以说，经过了思考完成的作业，就是最好的作业。你说说，这种培养善于思考的方法，难不难呢？

给爸爸妈妈——谁来解答孩子的为什么

爱思考的孩子总爱问“为什么”，我们的孩子就是在解开一个个“为什么”的谜团中长大的。

可是，面对孩子数不清的“为什么”，父母、老师常常束手无策。

一天，一对年轻夫妇领着他们8岁的儿子来见我，说他们的儿子是“问题儿童”，让我帮忙看看“问题”出在哪里。

“你最喜欢研究什么问题？”我和这个男孩聊起来。

“汽车、武器、电脑、宇宙。”男孩回答。

“那好，请你谈谈你的研究成果吧！”我对他的回答很感兴趣。

他一口气讲出18种汽车的名称、产地、速度和价格，俨然是个汽车方面的专家。他说，这些汽车的标志自己都能画出来。接着，他又说出十几种武器和数十种电脑的名称和性能，还向我说了自己想出来消灭战争的办法……

我惊讶不已，问：“你几岁？”

“8岁呀！”他一定觉得我的提问很怪。

“你这些知识是从哪儿得来的？”我又问。

“看书呀。有的是我发现的。”

“你们的孩子很了不起，不但不是问题儿童，而且还是个人才，请你们一定珍惜！”我兴奋而又郑重地对孩子的父母谈了自己的看法和评价。

“他经常提一些怪问题，跟学习、考试一点儿不沾边，我没法儿回答。”妈妈还是很发愁。

“能提出问题的孩子是智商高的孩子。至于他提出的‘为什么’，你不必马上直接回答，应该引导他，让他自己从书本上、实践中找答案。”这里，我引用了一位父亲培养爱思考的女儿成才的成功经验。

这位父亲是这样告诉我的:女儿小时候总缠着我问“为什么”，我都不是直接回答，而是让她自己去寻找答案。她逐渐尝到了读书的兴趣，也更爱思考了，后来取得了博士学位。

我们的孩子是21世纪的主人，他们所面临的将是一个知识高度更新、变化日新月异的时代，等待他们的将是许多闻所未闻的新知识、新事物，他们的任务是学习，学习，不断地学习。而对于学习，思考将是最好的、最有效的方法。所以，作为他们的父母，我们要留给孩子的不是一些生活的必需品和舒适安逸的生活环境，而是要教会他们学习，教会他们会思考，教会他们用自己的思想去创造生活。

面对孩子们的“为什么”，你该怎样解答?

孩子们在边听边认真思考着。

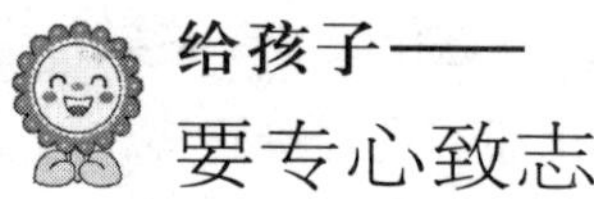

给孩子——要专心致志

“专心致志”是形容一个人做事全神贯注，一心一意。这就是告诉我们，在观察时就专心观察，在思考时就专心思考，在玩耍时就专心玩耍，无论做什么事，都用全部精力去做。

有关专家作过调查，人与人相比，聪明的程度相关不是很大，但如果专心的程度不同，取得的成绩却大不一样。凡是做事专心的人，往往成绩卓著；而时时分心的人，终究得不到满意的结果。

著名科学家居里夫人，是世界上第一位获得诺贝尔奖的女科学家，她和丈夫皮埃尔·居里共同发现了治疗癌症的放射性元素——镭，发明了“放射疗法”。居里夫人在科学上取得这么大的成就，就是因为她是一个终身做事专心致志的人。

居里夫人，也就是玛丽，她幼年时就是一个学习专心的人。她的父亲是名教师，为了维持家用的开支，在家里收了10位寄宿学生。每天晚饭后，点上煤油灯，寄宿生们就开始大声朗读和讨论，搞得屋里吵极了。玛丽就是在这样喧闹的环境中锻炼出了全神贯注地学习的本事的。

一天晚上，玛丽用两个手指堵住耳朵，坐在桌旁看书，对屋里的噪声充耳不闻。几个学生搞恶作剧，在玛丽身边用几把椅子搭了一个“塔”，可玛丽却一点儿也没察觉。过了一会儿，玛丽读完一章，她合上书站起身来，嘭的一声，“塔”倒了。几个淘气的孩子得意地跳着、叫着，而玛丽只是揉揉生疼的左肩，因为她被一张椅子重重地砸着了。玛丽并没有发怒，只是平静地说了句“真无聊”，便又捡起书看了起来。

玛丽成年后，为了提取镭，她跟丈夫一道在一个四面漏风的小木棚改建成的试验室里，辛苦了数年，亲手炼制了数吨沥青铀矿残渣，从堆成小山似的矿物中提炼出了1克镭。想一想，如果她今天做这个、明天做那个，几年过去后，也许什么也做不成。

居里夫人的故事给了我们这样的启示：集中精力做一件事，就容易成功；如果一心二用，往往一事无成。

人的思想是了不起的，只要专注于某一件事情，那就一定会做出使自己感到吃惊的成绩来。那么，怎样做到专心致志呢？

一要目标明确。要想明白现在自己究竟要做什么事，不达目的，决不罢休。

二要排除干扰。当一个人专心致志时，就仿佛完全进入了另一个世界，对周围的喧闹声、说话声就会听而不闻。

三要有张有弛。做作业时，要专心致志地写，不要想玩的事；玩的时候就痛痛快快地玩，不必想学习的事。这样一张一弛，大脑才能得到充分休息。

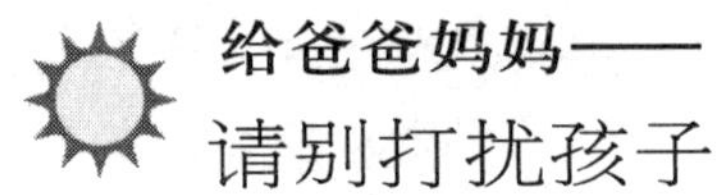

给爸爸妈妈——请别打扰孩子

两个小学生向我描绘过他们在家学习时的情形：

“我写作业的时候，我妈老在我身边转悠，一会儿伸过头来说，好好写！别写错！一会儿端来苹果说，歇会儿吧，吃点儿水果！一会儿又倒来一杯水说，渴了吧？喝水……唉，真是烦死啦！”

“有一天，我正在自己的房间里专心练字，我妈嘭的一声推门进来找东西，我平静的心一下子被扰乱了……”

两个孩子诉说的情形，在不少家庭都发生过。家长这样做，好像是在关心孩子，实际上却是在打扰孩子，非常影响孩子的注意力、记忆力以及情感、思维等心理功能的良好发展。

人的大脑有这样一个特点，一部分全神贯注、高度兴奋，其他的部分就全部放松、高度抑制。处于高度兴奋的一部分，各种营养成分的供应都很充足时，就显得特别灵敏，就能增强理解和记忆，就特别能解决问题。

一位教育专家对此作了一个形象的比喻：屋里的一只灯泡，深夜 1 点时在其他的灯都关闭时突然拉亮它，它的光亮会比平时增加 1 ～ 2 倍。因为，这时家里其他的灯泡都是“抑制”的，只有它“兴奋”着，供给它的电流也就特别充足。

所以，让孩子养成专心致志学习和做事的好习惯，实际上是交给他们一个成功的法宝。

那么，如何培养孩子专心致志呢？

第一，父母要树立榜样。我们报社的一位高级记者，曾以《时间、时间，哪里来》为题，报道过一个十分专心的女孩儿。这个女孩儿无论是写作业还是玩耍都很专心，结果不但各门功课成绩优秀，兴趣爱好也得到充分的发展。女孩儿的专心，主要是受她当工程师的爸爸的影响。女孩儿的爸爸每天晚上伏案学习工作，十分专注，从不受家人看电视、聊天的影响。他说，要做到像一位北宋诗人所描绘的“用心专者，不闻雷霆之震惊，寒暑之切肤”的程度虽然很不容易，但不被其他事情干扰而专心地做事，还是能够做到的。

第二，让孩子专心完成一件事。比如，安排孩子整理书籍、玩具，或者练习书法等等，让他们有始有终地做一两件事，很利于培养他们专心致志的习惯。

总之，在孩子做事、学习的时间里，请不要打扰他们。

《知心家庭》节目现场专心致志的孩子。

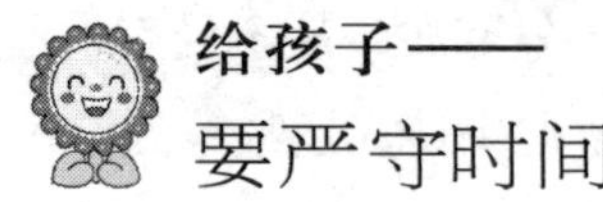

给孩子——要严守时间

一次，英国一位著名文学家给朋友们出了一个谜语：

“世界上哪样东西是最长的又是最短的，最快的又是最慢的，最能分割的又是最广大的，最不受重视的又是最珍贵的；没有它，什么事情都做不成；它使一切渺小的东西归于消灭，使一切伟大的东西生命不绝？”

智者查第格猜中了，他说：“最长的莫过于时间，因为它永无穷尽；最短的也莫过于时间，因为人们所有的计划都来不及完成；对于等待的人，时间是最慢的；对于作乐的人，时间是最快的；它可以扩展到无穷大，也可以分割到无穷小；当时谁都不加重视，过后谁都表示惋惜；没有时间，什么事都做不成；不值得后世纪念的，它都令人忘怀；伟大的，它都使它们永生不朽。”

时间是如此重要，我们就应该严格地遵守时间。严守时间是做人的美德，也是成功的保证。

伟大的革命家列宁是严格守时的人。他组织召开的会议，不管到会有多少人，他总是要求准时开会。会议负责人遵照列宁的嘱咐，在会议桌上摆着钟表，迟到的人都要被记录下名字，并且注明迟到几分钟。列宁严肃地警告一再迟到的人：“再迟到就登报！”

美国第一任总统华盛顿也是严守时间的人。他的秘书几次迟到，都推说手表不准。华盛顿就直爽地提出：“或者你换一只表，或者我换一个秘书！”

守时，是一种道德的行为。你迟到了，就是浪费了别人的时间，说严重点，是浪费了别人的生命，是不道德的表现。

著名教育家马卡连柯十分重视对孩子进行时间教育。他说：

"任何孩子从顶小的年纪起，就应当受严守时间的训练，清清楚楚地给他们划出行动的范畴。"

他还说："养成遵守时间的习惯，是一种对自己进行严格要求的习惯。在一定的时间起床，是对意志的最根本的训练，它可以改掉在被窝里幻想的习惯。吃饭的时候准时入座，是对母亲、对家庭和其他人的尊重，也是自尊。在所有的事情上严守时间，那就等于维护了父母的威信，遵守了法律。"

每天你的口袋里都装着 24 小时的时间，这是属于你自己的最宝贵的财富。如何使用这份财富呢？那就给自己上一门"时间利用课"吧。

认真制订一个生活时间表。将每天起床、洗漱、锻炼、用餐、学习、劳动、游戏、看电视、看书、洗脚、睡觉的时间安排好，按时去做。如果你能对日常生活时间养成分秒必争的好习惯，你等于延长了自己的生命。有人做过统计，用"分"来计算时间的人，比用"时"计算时间的人，时间多 59 倍。

别犹豫了，快点行动吧！

记住鲁迅先生的话："节约时间，也就是使一个人的有限的生命更加有效，而也即等于延长我们的生命。"

给爸爸妈妈——把时间交给孩子

中小学生过重的课业负担，不仅来自学校，也来自家长。家长总是把孩子的时间装在自己的口袋里，用“施舍”的办法逼孩子学这个、学那个，结果令孩子失去了自己支配时间的能力，减负赢得的时间又白白浪费掉了。

假期开始了。

“假期太长了，我都不知道该干什么！”有的孩子说。

“假期太短了，我要做的事情太多了！”也有的孩子这样说。

假期究竟是长还是短呢？

《伊索寓言》里有这样一个故事：

一位过路人问智者，要走几小时才能到达某城。智者先是默不做声，等过路人走了一段路以后，才又把那人叫回来，根据他行走的速度，告诉他所需的时间。

这个故事启示人们，人生道路离不开时间，而时间又决定于人的行动。生命给予每一个人一生的时间，在这些时间中，孩子将摘取什么样的人生之果，完全取决于他一生的行动。假期里，孩子的收获多与少，完全取决于孩子自己对时间的利用和支配。

每一个爱孩子的父母，都会爱惜孩子的时间；每一个有责任感的父母，都会从小对孩子进行严守时间的训练。而假期正是为孩子上“时间利用课”的极好机会。

把时间全部交给孩子，教他们自己支配，告诉孩子：你的心爱之物，可以珍藏在家里，锁在箱子里，但时间藏不住、锁不住。世上没有时间的收藏家，但每个人都可以做时间的主人。

减负以后，学生的作业量减少了，假期里都做些什么？每天的生活怎么安排？必做的事情有哪些？争取做的事有哪些？这些都可以指导孩子早作计划。让孩子明白，假期里的一切时间都属于他自己，节省下来的时间完全由他自己支配，这样孩子就会主动去做事，不会再磨磨蹭蹭、拖拖拉拉了。

家长还要告诉孩子，计划一旦定下来，就要严格执行。如按时起床、睡觉，按时学习、游戏，没有特殊情况，决不可以改动，这样孩子就会慢慢养成分秒必争的好习惯了。反之，磨磨蹭蹭、拖拖拉拉的不良习惯一旦形成，改起来就难了。

爱生命，就要爱时间，懂得珍惜和利用时间的人才会创造出生命的奇观。

共同的话题八

家长们都希望自己的孩子从小努力学习，长大后成为有用的人，这是对的。问题是，有些家长把“努力学习”片面地理解为死读书，让孩子整天死记硬背，不断地做题……有位父亲为了让孩子考上大学，竟把孩子锁在家中，让孩子每天清晨5点起床，深夜12点才准睡觉，逼着孩子把课本、习题、答案全背下来，其他的书一律不准看。结果孩子虽然在13岁时就考上了大学，但好像早已与世隔绝，连一些基本的生活常识都不知道……

对家长来说，培养孩子要弄清一个问题：什么是有用的人？我们说，真正有用的人，是那些有理想、有道德、有知识的人，是懂得终身学习的人。只有这样，他们才能适应21世纪飞速发展的变化。

联合国教科文组织在《学会生存》中指出：“未来的文盲不是不识字的人，而是不会学习的人。”这就说明，教会孩子学习，教会孩子终身学习是一个被全人类所关注的问题。

21世纪是知识经济时代，这个时代需要的是有创造力、勤于开拓的人。不会学习，就掌握不了新的知识，也就不会有创造的能力。孩子只有从小学会独立学习，养成热爱学习的好习惯，长大了才能够独立地生存在这个世界上。

1900多年前，古希腊生物学家、教育家普鲁塔克曾经讲过一句话："头脑不是一个要被填满的容器，而是一支需被点燃的火把。"

2500多年前，中国古代大教育家孔子教导学生说："学而不思则罔，思而不学则殆。"

两位古代教育家讲了同样一个道理：学习的过程是开发大脑的过程，这是一项终身需要从事的事业。也就是说，学习，要一辈子学习，要一辈子充实知识。

让孩子学会学习，并不是让他们一定要做出什么伟大事迹，而是要让孩子懂得，无论从事什么职业，学习都是他们体现价值、创造成绩的必要准备。"行行出状元"，只要努力学习，各行各业都能够取得优异的成绩。

在新中国成立50周年"光辉的历程"成就展上，有一个"英雄长廊"，悬挂着新中国各行各业涌现出的53位先进典型的照片。其中既有像钱三强、华罗庚等学识渊博的科学界泰斗，也有像徐虎、李素丽这样的普通劳动者。群星灿烂，各有千秋，他们是我国各条战线上名副其实的明星、"状元"。

进入知识经济的时代，人才的重要性越来越为人们所认识，大学无疑是培养人才的重要基地，但绝不是说只有上了大学才能成为人才。实际上，一个人在学校接受的只是基础教育，尽管它十分重要，但毕竟不是人一生所受教育的全部。因此，家长要帮助孩子学会学习、终身热爱学习的习惯。

家长如何能够做到让孩子学会学习、终身热爱学习呢？

一是培养孩子学习的兴趣。孩子在学习中出现了问题，家长不要马上告诉他解决的办法或者答案，而是要鼓励孩子自己去读书、查阅资料，当孩子通过自己的努力找到答案时，便会欣喜若狂，进而感受到成功的快乐，品尝到学习的乐趣。

二是开阔孩子的视野。节假日，不要总把孩子关在家里，要带他们出去参观、旅游或者会见有学问的人，让孩子更多地了解世界，也便于开拓他们的思路。

三是鼓励孩子多动手。动手实践，是掌握真知的重要途径。在家里，可以为孩子准备一个工具箱，什么东西坏了，都尽量让孩子去修理。这也是学习，而且是更好的学习。

作为家长，要清楚地明白这样一个道理：你不能够陪孩子一辈子，不能帮孩子一辈子。“授人以鱼，不如授人以渔。”留给孩子金钱、住房、汽车等等物质财富，不如教给孩子一个学习的好习惯，只有学习，才能够让孩子受益一生。

家长与孩子们一起听知心姐姐讲座。

第九章

努力请从今日始

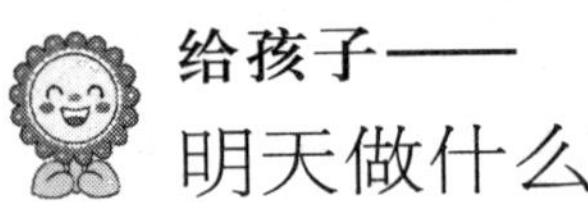

给孩子——明天做什么

目标对人的一生是十分重要的。正如高尔基所说："不知道明天该做何事的人，是很不幸的。"

两年前，我和一些朋友一起去游览黄山。黄山三大主峰中最险峻的奇峰是天都峰。

海拔 1800 多米的天都峰拔地而起，直刺青天，大约 1500 米长的登山石阶，坡度在 70 度以上。

上山前，我问了许多朋友："准备上天都峰吗？"有的说："试试看吧！"有的回答："走着瞧吧！"只有 7 位朋友说一定要登上天都峰，其中还有一位年过半百的老同志。结果，最后同行的 80 多人中，只有这 7 个人登上了天都峰。这里面就有我一个。

在往山上爬的时候，的确非常累，可我心里却一直想着："我一定要登上天都峰。"当我站在山顶，放眼四望时，兴奋地体验到了"会当凌绝顶，一览众山小"的气魄。

这次登上天都峰给我很大的启发：人生就好比登山，有了目标，就有可能成功。

有关学者曾在一所中学中做了一个关于理想的追踪调查，几年以后发现，有理想和目标的学生大部分成绩斐然，而没有理想和目标的学生却成绩平平。这些说明，理想和目标在人生中是多么重要：人没有生活的目标，就像一只没有舵的船，永远漂泊不定，随波逐流，最后只会漂到失望、失败的海滩。

有一个被大火严重烧伤的小男孩儿，不愿意轻易地被死神带走，下定决心要活下去，这使他奇迹般脱离了生命危险。

危险期过后，他听到医生跟妈妈的交谈："其实保住性命对孩子不一定是好事。他的下半身遭到严重伤害，就算活下去，下半辈子也注定是个残疾人。"

这时小男孩儿心中又暗暗发誓：我不要做个残疾人，我一定要站起来走路。但不幸的是，他的下半身毫无行动能力，两条受伤后细弱的腿没有任何知觉。

出院后，他妈妈不间断地每天为他按摩双腿，帮助他早一天恢复行动的能力，但是，仍然没有好转的迹象……即使这样，他要走路的决心一点儿也没有动摇。

一个天气十分晴朗的日子里，妈妈推着坐着轮椅的他到院子里呼吸新鲜空气。小男孩儿望着阳光照耀着的草地，心中一阵激动，奋力地离开轮椅，在草地上匍匐前进着……

一步，一步，他终于爬到篱笆墙边。他用尽全身力气，努力扶着篱笆墙站起身来……从此，他每天都要扶着篱笆墙练习走路，他心中只有一个目标：我要走路。

凭借着钢铁般的意志，以及每天科学持续的按摩，他终于能靠自己的双脚站起来、走路，甚至跑步。上大学后，他还被选入学校的田径队。

一个被火烧伤下半身的孩子，原本逃不过死神的魔爪，原本一辈子都无法走路跑步，却凭着坚强的意志，朝着一个目标，创下当时全世界跑得最快的纪录，他就是葛林·康宁汉博士。

那么，一个人该如何设定目标呢？目标包含着大的目标，也包含着小的目标。首先，要为自己设定一个大的目标，然后设定一个小的目标，最后再一步步去实现。那个被火烧伤的男孩子的大目标是“一定要站起来”，他的小目标是：“爬过去”，“扶着篱笆墙站起来”，“练习走路”，“跑步”……最后，他不仅站起来，而且成为全世界跑得最快的人。

有些同学，一到休息的日子，就不知道干些什么了，一会儿摸摸这个，一会儿弄点儿那个……时间白白地过去，学没有学成，玩也没有玩好，这就是因为没有目标的缘故。解决这个问题最好的办法就是：把目标写出来，按轻重缓急的次序列出，然后全力以赴地去做每一件事。每做完一件，就用红笔勾一下，这样，你的大目标就一定能最终实现。如果你想做完一件事，那就定一个“倒计时”表，按时去完成每一个阶段的任务，坚持下去，这件事就一定能办成。

现在就开始行动吧！给自己定个目标，并且马上开始做！

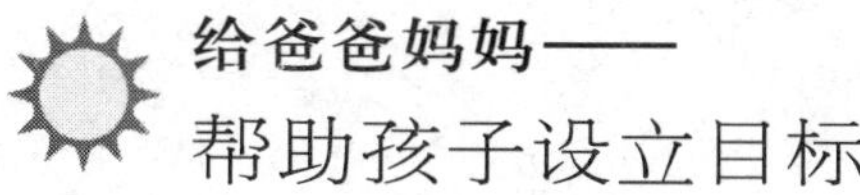

给爸爸妈妈——帮助孩子设立目标

有许多孩子问:“您是怎样当上‘知心姐姐’的?”我告诉他们,是《中国少年报》帮助我达到了自己的目标,实现了自己的愿望。

小的时候,爱看《中国少年报》,尤其是爱看《知心姐姐》栏目的我产生了一个美丽的梦想:长大以后我也要当“知心姐姐”!我学起报上“知心姐姐”的样子,扎起两根大辫子,脸上也总挂着微笑,还热心地帮助同学解除烦恼……慢慢地,同学们都说我像“知心姐姐”了,我的心里别提有多高兴啦!

我立下了好好学习,将来去《中国少年报》当记者、当“知心姐姐”的志向。19 岁那年,正当我准备报考大学时,文化大革命开始了,大学的门关闭了。于是,我和千千万万北京知青一起,去东北农村插队。10 年后,我听到《中国少年报》复刊的消息,激动得彻夜不眠,童年的梦想又涌现出来。我立刻拿起笔来给报社写信,表达了我的夙愿,报社答应了我的请求。

29 岁的我跨进了中国少年报社的大门,那天,我流泪了,我童年的梦想终于实现了! 5 年后,我真的当上了“知心姐姐”,我从内心里感觉到一种实现了目标的幸福感。

我想,天下父母们都曾有过充满梦幻的童年时代,这对于人一生的择业和成功十分重要。可我们对待自己孩子的梦想和目标,又要有什么态度呢?

浙江省某校二年级的小学生,读了鲁班小时候玩泥巴的故事,写了一篇读后感:

鲁班小时候用泥巴搭了许多桥,他妈妈说:“真了不起!”后来鲁班成了建桥专家。可我玩沙土,我妈

却骂我没出息！我看以后出不了鲁班了，因为没有鲁班他妈了。

这位小学生用寥寥几笔，便点出了目前家教中存在的问题。

有的父母，总把自己的理解强加在孩子身上，却对孩子自己的梦想不屑一顾。其实，这些童年的梦想正是孩子成功的第一块儿基石，无论他想干什么，只要不断努力就能成功。

帮助孩子树立目标，我们可以做两件事：一是发现孩子究竟对什么感兴趣；二是让孩子多看报纸、杂志和书籍，多与外界接触，让孩子多接触新的思想和新的信息，激发孩子产生自己的兴趣，树立自己的理想，最后实现自己的理想。

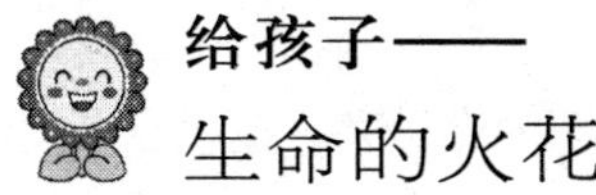

给孩子——生命的火花

你了解自己吗?

“我当然了解自己！”你肯定会这样回答。

不，请你不要马上下结论。

千百年来，人类对自身的认识始终是个谜，没有什么人清楚地知道自己潜能的极限。

大自然赐予了每个人巨大的潜能，但由于没有进行有关的训练，人的潜能没有得到充分的开发。即使是创造了辉煌业绩的人，在他的一生中，对大脑潜能的开发还不到百分之一。

任何一个平凡的人都可以成就一番惊天动地的伟业，关键是要学会开发自己生命的潜能。

潘虹就很了不起！她虽然只是聋哑学校里一个普普通通的女学生，却登上了国际儿童电影节的领奖台，成为了最佳演员！

潘虹从小双耳失聪，生活在一个无声的世界里。8岁时，她上了武汉市第一聋哑学校。

二年级时，潘虹被选入学校的舞蹈队。为了完成一个较难的下蹲动作，她不停地练，甚至把膝盖磨肿了。其实，对于潘虹来说，这点苦不算什么，最困难的是自己听不到音乐，因此也无法准确地掌握节奏，每次练习，潘虹只能眼看着老师的手势，用脚尖感觉着老师敲击大鼓时从地板传来的隐约的节奏……鼓在打，一下，两下，潘虹体会着节奏，十指翻飞……舞蹈给潘虹带来了欢乐，给了她鼓励，也带给了她机遇和惊喜。

一天，武汉电视台青少部曾玉华阿姨到学校来挑选演员，结果选中了潘虹，让她担任儿童电视短剧《寂静之声》的主演。潘虹从导演那里知道，《寂静之声》讲述的是聋哑姑娘克服生理障碍，

在友谊的激励下，坚持学习舞蹈的故事。从这个故事里，潘虹仿佛看到了自己的昨天和今天。

1997年6月，潘虹因主演《寂静之声》随同武汉电视台代表团飞往意大利，参加由意大利、法国、德国等9个国家主办的第八届“儿童演儿童、儿童写儿童”电影节的评选活动。

颁奖仪式前，意大利小伙伴采访了潘虹：“你听不见又说不出，在拍戏中是不是遇到了很多困难？”潘虹用手语对他们“说”：“拥有友爱和关怀，我可以和健康的孩子做得一样好，一样快乐充实地学习和生活。”

颁奖典礼上，潘虹荣获了最佳演员奖，她所主演的《寂静之声》同时获得了这次电影节的最佳故事片奖。

在武汉电视台召开的座谈会上，潘虹用手语“告诉”我：“当我走上灯光闪烁的颁奖台时，我深深理解了，为什么在国旗升起、国歌奏响的时候，我国的体育健儿会激动得热泪盈眶。我多么想真诚地大喊一声：‘谢谢，谢谢所有关心过我的人！’”

你们看，潘虹——这位聋哑少年获得了多么大的成功，她生命的潜能得到了很好的发挥。她为什么能够获得成功呢！在我采访她时，她“讲”了自己的两件“宝”。

第一，始终相信“我能行”。潘虹“说”：“我虽然生活在无声世界里，却坚信‘我能行’！正常女孩儿能学会跳舞，我也行！”是自信将潘虹身体潜藏的能力调动起来，将身体、大脑各部分的功能都推到最佳状态。听不到音乐，她看老师的手势来体会音乐，用脚尖感觉老师用力敲击大鼓从地板传来的节奏来舞蹈。潘虹用内心对生命的热爱，理解了舞蹈，也理解了人生。

第二，跌倒了再爬起来。学舞蹈，当电影演员，获奖，对一名聋哑人来说，各种困难就像阳光下的影子一直伴随着潘虹。潘虹知道，天底下没有一条笔直的路，她相信拥有自信和坚强，一切困难都会迎刃而解。

读了潘虹的故事，你一定在想：潘虹能行，我更能行！是的，发挥你自己的潜能，就意味着你要用新的眼光看待自己，别为一时的失败和挫折而灰心。“这没什么了不起的。”如果你能这样想，你的大脑就进入了积极的活动状态，你也会变得十分自信，开始“有利于自己的思考”。学会了这种思维方法，再加上你下决心去做，你会惊奇地发现：原来我这么能干！我真的也能行！

人生中有很多选择题，我们需要思考。

给爸爸妈妈——
芝麻，芝麻，开开门

作为孩子的父母，您可能早就看过或听说过《阿里巴巴和四十大盗》的故事吧！

阿里巴巴在巨石宝库前，念着从大盗那里听来的咒语："芝麻，芝麻，开开门！"于是，宝库的大门打开了。

人的潜能仿佛是一座宝库。一位心理学家认为："人的潜能所包容的智力能量，犹如原子核的物理能量一样巨大。一个孩子就是一个无与伦比的创造性的试验室。"

问题是，我们做父母的怎样才能打开孩子这座"宝库"呢？

许多成功的父母都有一句十分灵验的话："太好了！孩子，你真行！"

听障女孩儿周婷婷的爸爸周弘，创造了赏识成功教育法。他发现：孩子为赏识而生存。当婷婷刚学会做应用题时，他大呼："太了不起了，这么难的题，你也会做！"从此，婷婷学数学的兴趣和热情如熊熊烈火般燃烧起来。3 年的时间里，婷婷学完了小学 6 年的课程，17 岁就进入了正常人的大学——辽宁师范大学学习，成为新中国第一位聋哑少年大学生！一天，周弘从南京给我打来长途电话："告诉您一个好消息！婷婷真是太棒了，她在大学演讲成功了！"这是父亲为孩子成功的喝彩！

周弘有句名言："赏识导致成功，抱怨导致失败。好孩子需要赏识，而且赏识教育还能使孩子变得越来越好。抱怨不能改变坏孩子，抱怨反而会使孩子变得越来越坏。"赏识教育的奥妙在于让孩子的自我意识觉醒，因为对世事一无所知的孩子，最初是靠周围大人的肯定、鼓励向孩子发出的有力的正信息，来使自己的心情轻松愉快，并从家长的肯定中相信自己"我能行"。

前几年，周弘把这种办法介绍给一些聋哑儿童的家长，结果培养出了几十名周婷婷式的早慧儿童。

我曾亲眼目睹周弘对一位4岁聋童的启迪式教学。

北京京西宾馆接待室里，一个戴着助听器的小女孩儿在画画。她，就是周弘赏识成功教育法的一个对象。

女孩子画了一个人：头小小的，身子却大大的。她拿给周弘看。周弘看了看惊讶地说："你画得可真快！真好！只可惜头小了一点，要是再大点就更好了。"

女孩儿马上说："我还可以画个大的。"不一会儿，又一个小人出现在纸上：头大大的，身子小小的。

周弘看了看兴奋地说："真不错，头长得很快，只是身子又小点了，会撑不住的。"

女孩儿说："我还可以画个合适的。"不一会儿，又一个小人出现了，头和身子不大不小正合适。

仅仅20分钟，奇迹创造出来了：一个4岁的聋童在周弘的鼓励和赏识之下，打开了头脑智慧的大门。

周弘说："每个孩子身上都蕴藏着不可估量的潜能，我们应当尊重每一个幼小的生命，爱惜生命。不能开发每个孩子的潜能，是父母教育的失职。哪怕天下所有的人都看不起您的孩子，做父母的都应该欣赏他、拥抱他、称颂他、赞赏他，为自己创造的这个小生命而自豪。"

今天，我们许多家长，面对孩子这座宝藏，都说了些什么、做了些什么呢？"你太笨了！长个脑袋是干什么用的？""没有比你再差的孩子了！""你不行，还是让我来做吧！"

听到这些负信息，孩子头脑智慧的大门就紧紧地关闭了，有的一辈子都打不开！

孩子们最渴望的是被父母夸奖，夸奖能激发他的潜能。打开孩子智慧"宝库"的奥妙在于：赏识您的孩子！不断地鼓励您的孩子！

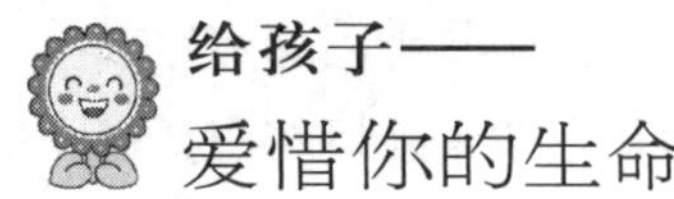

给孩子——爱惜你的生命

在一本书里我读到一个美丽动人的故事。故事的主人公叫瑞祺，是一位因失去母亲而十分悲观的女士。可是，当她在海滩上遇到患白血病的小姑娘温迪，她看到了生命的价值。她写道：

她只有6岁。我第一次在我住处附近的海滩遇见她时，她正在用沙子垒砌城堡，她的眼睛看上去像大海一样蓝。

“你好！”她打着招呼，我点头表示回答，我并不很想理会这个孩子。那天，我的情绪低落极了。

“我正在盖东西呢。”她说。一只海鸟在沙滩上空飞翔着。“太有趣了！我妈妈说海鸟能带给我们好运气。”她又说。

鸟儿飞落在沙滩上。“唉，讨厌。”我转身想走开，我很沮丧，我的生活糟透了。

“您叫什么名字？”她仍不放弃与我对话。

“瑞祺。”我回答。

“我是温迪。”

温迪指着一排房子告诉我，她住在那儿。

她那音乐般的格格笑声尾随着我。“再来啊！”她喊着，“我们还会有这样快乐的一天。”

三周后，我悲伤失落地跑到海滩。当温迪追上我时，我生气地说：“我今天宁愿一个人待会儿。”

“为什么？”她问。

我转向她大喊道：“因为我母亲去世了！”天哪，我为什么要跟一个小孩子说这些呢？

“噢，”她轻声说，“那么这是糟糕的一天。那很痛苦吗？”

“那当然很痛苦！”我气冲冲地说，大步走开。

一个多月后，当我再次到海滩，她不在那里了。怀着一种负疚感，我很想见到她。我来到那所房子。温迪的妈妈告诉我，温迪上周去世了，她患有白血病。

我有如遭到当头一棒，呼吸几乎停止了。

“她非常爱这片沙滩，她在这里度过了那么多美好的日子……”温迪的妈妈哽咽着说，“她留下了一些东西给您……”

她交给我一个信封，上面用孩子特有的笔体醒目地写着我的名字。

信封里面装着一幅用亮丽色彩描绘的画：一片黄色沙滩，蔚蓝的大海，一只棕色的鸟。下面清晰地写着：一只海鸟带给您快乐。

我的泪水夺眶而出，那曾经忘却的爱又复活了。这份爱的礼物，我用画框装帧好，一直挂在书房。

温迪的故事深深地打动了我，于是我把这个故事登在《中国少年报》上，希望有更多的小朋友读到它，珍惜生命，热生命，热爱生活。

我曾听说，有个重点大学的新生，因考试多次排名在后而跳楼自杀。

我还听说，一个成绩优秀的研究生，因吸毒成瘾不能自拔，最后走上了绝路。

每当听到这样的消息，我都会感到十分惋惜，因为每一个生命都那么美好，都来之不易啊。

能来到这个世界，已经是很不容易了，你没有任何理由不珍惜自己的生命，更没有任何理由残害自己的生命。因为，你的生

命是爸爸妈妈给予你的最珍贵的礼物；你的生命里，寄托着爸爸妈妈很多的爱和希望。

50多年前，毛泽东同志对正在苏联留学的青年人讲过一段热情洋溢的话："世界是你们的，也是我们的，但是归根结底是你们的，你们青年人朝气蓬勃，正在兴旺时期，好像早晨八九点钟的太阳，希望寄托在你们身上。"在毛泽东同志这段话的鼓舞下，过去一代人中，许多共青团员、少先队员作出了杰出的贡献，他们的生命放射出了夺目的光芒。

作为一个跨世纪的中国少年，你该如何珍惜自己的生命呢？

我建议你和你的同学们，在每天早晨上第一节课时，一起高喊："新世纪，我能行！"然后，你每天积极努力去做你该做的事情，你就会觉得浑身充满力量。

在国际儿童发展会议上。

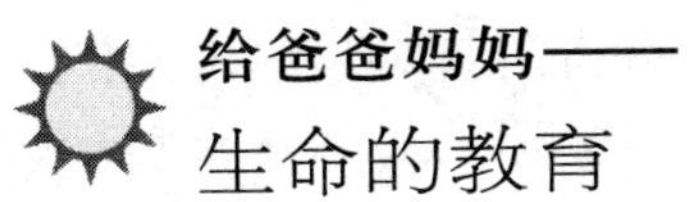

给爸爸妈妈——生命的教育

“生命是怎么形成的？小孩子是从哪里来的？”也许关于这样的问题，每一个孩子都曾经问过自己的爸爸妈妈。

在澳大利亚的小学里，关于生命的教育，已经进行了60多年。当学生升入三年级时，家长们就会接到一封来自家庭生活服务中心发来的通知书：欢迎您和您的孩子一道，来学习关于生命的课程。

课上，老师首先从家庭说起：我们都有家庭，家里有爸爸、妈妈和孩子。然后，就放一部幻灯片：有一天，妈妈告诉孩子们，我们将会有一个小弟弟或小妹妹了。于是，妈妈的身体变得越来越“胖”。终于有一天，妈妈去了医院，回来的时候，抱着一个小婴儿……接下去就是具体地讲解，关于人体的器官，以及婴儿的形成过程。

澳大利亚小学的这堂生命课，让孩子们懂得生命来之不易，从而更加爱自己的父母，珍惜已经拥有的生命。这一课，将成为他们成长历程中最为难忘的一课。

在我国，谁来给孩子上生命的教育课呢？当然是爸爸妈妈和老师了。如果你们的学校还没有开设“生命课”，那你就去问问爸爸妈妈：“我们是怎样长大的？”你还可以观察观察，一只小兔、一只小鸡又是怎样长大的……你会发现，生命是多么奇妙，每一个生命是多么来之不易，要加倍珍惜才是。

你应该知道，当你的妈妈经过天崩地裂般的痛苦，赋予了你生命的时候，你就已经不完全属于自己了。对于自己的生命，你没有权利去浪费它、糟蹋它，更没有权利结束它！不管发生什么，你都要坚强地生活下去，不仅为了自己，也为你的父母、你的朋友、

你的老师，为了所有关心你的人。

有一所大学，在一个月之内，相继有两名学生选择了轻生。据统计，最近的5年内，这所大学已经有10人死亡。死因是多种多样的，可自己选择死亡的竟达4人！这些自杀的大学生，有的是迫于学习的压力，有的是因为失恋，有的是因为离开了父母的照顾不能独立生活……总之，在困难面前他们没有勇敢地抗争，他们选择了逃避，选择了死作为“解脱”。

也许，这些轻生的大学生得到了解脱，可是生他们养他们的父母所遭受的天大的痛苦，一辈子也无法解脱掉……

生命的教育，是一个人最初的，也是最重要的教育。只有了解了生命的来之不易，才能懂得格外珍惜。我想，如果这些大学生曾经受过良好的、科学的生命教育，他们一定不会如此愚蠢地选择轻生，而是会用勇气来战胜自己面临的困境，用自己坚强的意志来排除所有的困难！

共同的话题九

有一天，我看了一部动画片《猴子盖新房》：猴子没房子住，它下决心要盖一栋新房子。第一天，猴子干了一会儿觉得天太热了，于是说：“还有明天哪！”第二天，它还是懒得动，又想：“还有明天哪！”第三天，它把要盖新房子的消息告诉了小刺猬，欢迎朋友们来它家做客，可它还是没有动工，又想：“还有明天哪！”第四天，森林里的动物们都来看猴子的新房子，而它呢，还在树上睡大觉呢！当天晚上下起了瓢泼大雨，猴子没处躲、没处藏，浑身被雨水浇透了，它发誓：“明天一定要盖房子！”

“还有明天哪！”这话听起来怎么这么耳熟？我想起来了，有些少年朋友就爱这么说，喜欢把今天的事放到明天去做。在他们看来，反正明天多的是，浪费一两天也没有什么关系。可是，他们没有想到，他们的生命也就是在一个个对明天的期待中浪费掉了。

古代有一首《明日歌》，是专门劝人不要把事情放到明天去的。这首诗是这样写的：

明日复明日，明日何其多！我生待明日，万事成蹉跎！世人苦被明日累，春去秋来老将至。朝看水东流，暮看日西坠。百年明日能几何？请君听我《明日歌》。

还有一首《今日诗》，劝人要抓紧今天。

今日复今日，今日何其少！今日又不为，此事何时了？人生百年几今日？今日不为真可惜！若言姑待明朝至，明朝又有明朝事。为君聊赋《今日诗》，努力请从今日始！

我们每一个人的生命，正是由一个个今日组成的，我们能抓住的也只有今日。

知心姐姐在希望小学奠基仪式上。

第十章
地球孩子责任大

给孩子——对不起，大白熊！

北京市动物园里一只可爱的大白熊死了。北京市授水河小学的少先队员听说，大白熊是吃了游人扔弃的塑料食品袋，患肠梗阻而死的，都很伤心。他们成群结队地来到动物园为大白熊送葬。他们向熊山挥撒着花瓣，大声呼喊着："对不起，大白熊！"他们劝阻游人再也不要向动物乱投食，更不要把塑料袋丢进熊山，因为那里是大白熊的家！

"对不起，大白熊！"孩子们发自内心的呼唤震撼了人们的心，使大人们自愧弗如。

是啊，人类、动物和植物本来都是地球家庭的重要成员。中国是世界上生物物种最丰富的国家之一，其中脊椎动物 6300 种、鸟类 1244 种、鱼类 3862 种、种子植物 3 万余种、药用植物 11000 多种、牧草 4200 多种、观赏花卉 2200 多种。可是，由于自称为"高级动物"的人类对森林的过度砍伐，致使生物的生存环境丧失；再加上生物资源的过度开发、污染，全球气候变化和工农业生产的影响，生物物种正在急剧减少。

据有关专家说，今日部分生物灭绝，是人类自身的行为造成的。由于人类乱捕滥猎，使许多野生物种遭受灭顶之灾。一次大量海龟的死亡，引起科学家的重视。在对死去的海龟进行解剖时发现，海龟的胃里竟有15个塑料袋！塑料袋在海面上漂浮的样子很像海蜇，海龟可能把它们当作海蜇吞了下去。据了解，近年来，由于各种自然因素和人类的破坏和猎杀，整个世界已有1000多种动物灭绝，1000多种动物即将灭绝，而且自20世纪80年代以来，全球的物种正在以每天近10种的速度灭绝。

在我国，一些人滥捕滥杀野生动物的野蛮行径，使青藏高原的珍稀动物藏羚羊，从过去的几百万只，锐减到现在的十几多万只；过去南方山区常见的穿山甲，今天已经罕见；各地的蛇、猫头鹰也被大量捕杀，使鼠害横行，粮食大量减产。保护农田的卫士青蛙，曾立下赫赫战功：一只泩蛙一天能吃掉70多只大豆地里的害虫——斜纹夜蛾；一只黑斑蛙一年能消灭10000只蝼蛄、螟虫……但，小青蛙正面临人类的威胁——江河湖泊被严重污染，水塘、小河、池沼大面积干涸；盲目开垦、无序建筑用地等等，正侵吞着青蛙的家园。最可怕的是，人们把青蛙摆上了餐桌！据报道，长江边的一座城市，短短的几天就有30万只青蛙被吃掉，而这30万只青蛙一年能捕食约30亿只危害庄稼的虫子。

作家陈玉谦、曲晓平为青少年创作了一部有关爱蛙护蛙的长篇小说《蛙鸣》，这部小说很快被改编成同名电视剧。可是，当剧组来到故事发生地黑龙江省和内蒙古自治区拍摄外景时，却找不到一片有青蛙的田野！最后，剧组只好花钱去集市买回青蛙，放养在池塘里。但是，当电视剧拍完时，有的青蛙病死了，更多的青蛙被人抓走了。

这件事深深刺激了两位作家。在他们的提议下，中国野生动物保护协会、中国少年报社等单位联合推出了“娃蛙手牵手”爱蛙护蛙活动。

1998年6月20日，“娃蛙手牵手”活动启动仪式在黑龙江省齐齐哈尔市举行。会场上堆满了同学们送来的千幅爱蛙护蛙图画作品。齐齐哈尔市三十四中初一年级的38名同学向全国的小伙

伴发出倡议：爱护青蛙，从我做起。

仪式结束后，同学们纷纷围住“知心姐姐”，真诚地说，今天是青蛙的节日，我们要向青蛙道歉！

王金生同学说：“我小时候特别淘气，不仅逮青蛙，还用玩具枪崩它。后来知道青蛙是人类的朋友，我真后悔，我太对不起小青蛙了。今后我要保护青蛙，决不让‘坏人’碰它。”

马巍同学说：“我是个胆大的女孩儿，和大人去野炊的时候，亲手把青蛙放在火上烤熟了吃。小青蛙会原谅我吗？对不起！”

张唯一同学说：“我喜欢青蛙，从没伤害过它。但是有些小伙伴认为癞蛤蟆长得难看，就欺负它，这也是不对的。癞蛤蟆同样是农田卫士，我们保护青蛙，也要对癞蛤蟆一视同人。”

……

听到孩子们真诚的道歉，“知心姐姐”非常高兴，她建议大家爱护青蛙要从“两要四不要”做起：

“两要”：要爱护青蛙的家族，要爱护青蛙的家园。

“四不要”：农村小伙伴不要捉青蛙（及其家族成员），不要卖青蛙；城市小伙伴不要吃青蛙，不要买青蛙。

听我讲了北京市和齐齐哈尔市的小朋友向大白熊和小青蛙道歉的故事，你有什么想法呢？你想不想对自己伤害过的动物、植物说一声“对不起”，用你的行动去保护你的朋友——动物和植物呢？

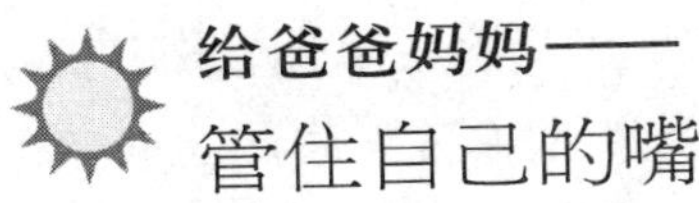

给爸爸妈妈——管住自己的嘴

有一次，一位年轻的爸爸动情地讲起他7岁的女儿，北师大实验小学的一年级学生杨雨晨爱护小动物的事。

> 星期天，我带女儿去公园划船。湖面上有一群鸭子在戏水，女儿看见了非常高兴。忽然，几个外地游人从另一只船上朝鸭群中扔石头，鸭子受了惊，一下子逃走了。女儿朝那只船上的大人喊着："你们不能打鸭子，它们是我们的朋友！"上岸后，女儿不肯回家，她说一定要等那几个人上来，问问他们为什么要打小鸭子！你看，那些大人还不如孩子……

是啊，"大人还不如孩子"的事，我们见得还少吗？大人那种不文明的行为，伤害的不仅仅是小动物，而且还伤害了那些爱护小动物的孩子们的纯洁、善良的心灵。

有一次，电视台的一位叔叔问几位幼儿园的小朋友：你希望小鱼待在水里，还是待在岸上？

一位小朋友说："我希望小鱼待在岸上，因为水早被污染了，又黑又臭，小鱼会生病死去的。"

另一位小朋友说："我希望小鱼待在水里，因为小鱼一上岸就会被人吃掉，人类最可怕。"

还有一位小朋友说："我希望小鱼待在家里的鱼缸里，因为鱼缸里有喂给它的食物，还不会被人伤害，最安全了。"

……

听着这些孩子们善良、忧虑的回答，你作何感想呢？作为大

人，我们远远不如孩子。

大人们那张贪得无厌的嘴，吃猴、吃熊、吃蛇、吃甲鱼、吃蝎子……什么都要吃，什么都敢吃！南方某大城市，每年有大约1000吨野生蛇类、50余吨野生蛙类、5万只鸟成为人们的“进口货”！

人类在陶醉于征服大自然的一个个暂时胜利的时候，却正如恩格斯所说的那样：“对于每一次这样的胜利，自然界都报复了我们。”滥捕、滥杀、滥吃野生动物，一时满足了口腹的享受，殊不知却吞食下了奇异疾病和死亡的祸根。当前，野生动物的生存环境极其恶劣，吃野味，其实并非能达到进补的目的，反而会中毒。野生动物专家指出，蛇可以说是“百病之王”，疟疾、肝炎……它几乎什么病都得，并且身上的寄生虫很多。一些蛇，用手一捋会感到疙疙瘩瘩的，就是因为它们的皮肉里有成团成团的寄生虫。有个人以为喝蛇血可以“进补”，却“补”出了鞭节舌虫病，住了3个月医院，花费了2.7万元，体重也骤减了15公斤！有关专家还说，如果盲目服鲜蛇胆，极易损伤体内的器官，会诱发肝、肾功能的衰竭。

西方有一部恐怖电影，描述一位生物学家误食了基因突变的昆虫，变异成一头恐龙模样的怪兽。美国康奈尔大学的生物工程学博士后李平说，电影中所表现的那种情况在现实生活中是不会发生的，但如果人吃了因污染导致基因突变的野生动物，很可能诱发癌症等恶性病变，还可能破坏人的生殖细胞生出怪胎。

中国科学院动物研究所的汪松教授呼吁：“中国虽然是生物多样性的大国，但也经不起滥捕、滥杀、滥吃。食客们就是从自身的健康考虑，也应该嘴下留情，不要再滥吃野生动物了！”

作为父母，你最好不要带孩子去生猛海鲜餐馆就餐。一个孩子，如果从小目睹那些活蹦乱跳的小动物、那些上了年岁的珍稀野生动物被活活地杀害，成为人类餐桌上的“美味”，这对幼小的心灵简直是一种戕害！

善待孩子，也要善待孩子们喜爱的动物。如果要让孩子从小有爱心、有善心，那做父母的，一定要对动物有爱心、有善心。

我们要让孩子从小知道，不是什么东西都能吃的。如果人类把世界上的生物都吃光了，最后只有人吃人了。地球上的生命都是建筑在脆弱的生态基础上，每一个生物物种的消失，对人类来说都是无可挽回的损失。人类与其他的生物物种其实是相辅相依的朋友关系，当人类失去朋友的时候，也终将失去自己！

知心姐姐发起“我爱地球妈妈”活动。

给孩子——手拉手，捡回一个希望

曾经，一个被称为“手拉手，捡回一个希望，用小行动保护大地球”的活动，受到全国少年朋友的欢迎。这项富有时代特色的环保教育活动是1996年由中国少年报社发起的，而我们发起这项活动最先是受到一座“桥”的启发。

河南省光山县王大湾手拉手希望小学的校牌旁有一块黑色大理石，上面刻着《手拉手希望小学诞生记》。文中记载了这样一个事实：这所手拉手希望小学，是1994年由全国小朋友捐的20万元压岁钱修建的，最先在《中国少年报》上发出倡议的是南京市的少先队员。时任中国文化扶贫委员会主任的徐惟诚爷爷被学校聘为名誉校长，中国少年报社的“知心姐姐”被聘为校外辅导员。

学校落成后，“知心姐姐”五次来到这所学校。第三次去王大湾时“知心姐姐”发现，不少孩子光着脚，穿着小短裤来上学。一问才知道，这些都是河东的孩子。因为学校门前有条河，学校在河西，新学校盖好后，河东的孩子也来这里上学了。但河面上没有桥，河东的孩子每天只好蹚水过河，有几次涨水，一个小同学差点出危险。每逢这时，学校的老师都要下河背小同学过河。

这件事成了“知心姐姐”的心事：“一定要帮师生们修一座桥！”

但修一座最普通的桥，最少也要5万元，这钱从哪儿来呢？

一个月后，“知心姐姐”去南京采访。在一次辅导员座谈会上，她向辅导员讲起了这桩心事。

“这件事你就不用操心了，我们发动南京的孩子来做！”老辅导员祝玲首先表态，当时的南京市少先队总辅导员华耀国和在场的辅导员热烈赞同。

南京市新华小学、夫子庙小学、游府西街小学、化工厂子弟学校等学校的少先队员别出心裁，创造性地提出了“用废品架起友谊桥”的设想。

孩子们行动起来，把各家各户的废纸、空易拉罐、废酒瓶收集起来，送到废品收购站。

“叔叔阿姨多给点钱吧，为了让农村的小伙伴安全上学！”孩子们向收购站的人真诚地请求。收购站的叔叔阿姨被孩子们的行动感动了，用较高的价格，收购了这些废品。

有个学校的同学每天从家里拿来各种豆子，熬成八宝粥，清早去街头叫卖。

“爷爷奶奶喝碗粥吧！为了让山里的孩子不再蹚水过河！”

市民被感动了，5 角钱一碗的粥，有的人竟留下 5 元钱。

就这样，少先队员们在三个月的时间里，一共募集了 4.5 万元。时任团中央书记的袁纯清叔叔知道了这件事，很受感动，以全国少工委的名义资助了 5000 元。

买材料的钱凑齐了。王大湾的乡亲们和师生一起，用水泥、石头在河上架起一座桥。同学们给这座桥起了一个好听的名字——手拉手友谊桥。

接着，南京市的少先队员又创出新奇迹。当他们去王大湾和小伙伴一起过年时，发现那里的小学里没有少先队的鼓号队。于是，全市少先队员又收集了 10 万个牙膏皮，用捡废品换来的钱为王大湾的小伙伴装备了鼓号队。

孩子们的创举，让我们兴奋不已。用压岁钱盖学校，已经是奇迹了，如今，废品“架起”了友谊桥，牙膏皮又“装备”了鼓号队，这不是更大的奇迹吗？

怎样把这个成果扩大呢？

经过多次研究，“手拉手，捡回一个希望，创造一个奇迹，用小行动保护大地球”的行动计划酝酿成熟。

1995 年 12 月，“知心姐姐”和记者叔叔去武汉开会。他们来到武汉市育才小学，和同学们讲了大白熊吃了塑料袋死去的事，又讲了南京少先队员回收废品帮助贫困地区小伙伴修桥的事。

“我们每个人都应该为保护环境，为帮助伙伴做些什么呢？”

“知心姐姐”的话音刚落，同学们七嘴八舌地议论起来。最后决定，通过《中国少年报》向全国少年儿童发出倡议，开展“手拉手，捡回一个希望，创造一个奇迹，用小行动保护大地球”活动，收集废品，用回收款为贫困地区建立“手拉手环保小学”。

1995 年 12 月 25 日，《中国少年报》头版头条刊出这份倡议，立刻得到全国少年儿童的积极响应。

1996 年年初，由中国文化扶贫委员会、全国少工委、国家环保总局、中国少年报社联合主办的“手拉手，捡回一个希望，创造一个奇迹，用小行动保护大地球”活动，在全国少年儿童中开展起来。

1996 年 4 月 6 日，是第一个“手拉手回收日”。已经开展这项活动一段时间的孩子们，把自己回收的废纸、废金属、废塑料带到学校统一回收。

时任中国文化扶贫委员会主任的徐惟诚爷爷参加了北京市惠新里小学的回收活动。他激动地对孩子们说：“一个空易拉罐、一张旧报纸、一个牙膏皮，好像是毫无用处的东西，我们不去捡它，多了堆在那里，就会破坏环境。我们把它们分了类，就可以把它们变成有用的东西，变成一种有用的巨大力量。我们每一个小朋友力量并不大，大家都来做这样一件有意义的事，就是一个很有力量的群体了。同学们从自己的活动中看到了自己的力量，这个力量来自我们的行动，来自我们的团结，来自我们团结起来的行动。”

时任团中央书记处书记的孙金龙叔叔也加入了孩子们回收废物的行列，他鼓励孩子们说：“‘手拉手，捡回一个希望，创造一个奇迹，用小行动保护大地球’活动，是‘手拉手’活动的一个深化，一个创新。我们只有一个地球，地球上的资源是有限的。石油专家告诉我们，我们现在的石油只能开采 50 年了。50 年后，你们开的汽车就没有汽油，可能要用别的代用品了。所以说，节约资源，回收利用资源是件非常重要的事情。回收利用资源要从我们的娃娃抓起，用小手拉大手，牵动全社会。”

就这样，“手拉手，捡回一个希望，创造一个奇迹，用小行动保护大地球”的活动在全国少年儿童中红红火火地展开了。

参加“手拉手，捡回一个希望，创造一个奇迹，用小行动保护大地球”的北京同学，还进行了环保方面的调查，他们从环保专家那里了解到许多惊人的数字。以纸为例：回收一吨废纸可生产800公斤好纸；节约木材4立方米，等于少砍17棵大树；节约用煤400公斤，就可以多发电512度；少用纯碱240公斤，就可降低造纸污染排放的75%，节约造纸能源消耗40%～50%……同学们明白了，参与废纸回收，就是在保护森林，保护环境。我们国家的森林资源非常匮乏，是世界人均水平的十分之一，而我国的废纸回收率只有30%左右。因此，我国每年不得不从国外进口废纸来做造纸原料。有人算过一笔账，由于大家不重视废纸的回收，我国每年损失废纸600万吨，相当于浪费森林资源100万亩（在北方）到300万亩（在南方）。北京市每年当垃圾扔掉的废纸约32万吨，相当于我国每年进口废纸总量的4倍，这多么令人震惊啊！据报道，现在每一分钟就有一大片绿色森林在地球上消失，照此下去，我们的后代面对的，会不会是一个光秃秃的地球呢？

一个个触目惊心的调查数字，让同学们觉悟了。

“只有一个地球！”地球是宇宙中人类唯一能生存的家园，她的宝藏是有限的。把废物送去循环再生，我们就是在为保护大地球而行动。

“手拉手，捡回一个希望，创造一个奇迹，用小行动保护大地球”活动开展仅7个月的时间，孩子们聚集起的回收废品款就达到20余万元，并全部用于在江西省贫困县——安义县万坪镇桃花村建立起全国第一所“手拉手环保小学”，这也是世界上第一所用孩子们回收废品积攒的钱建造起的小学，是中国孩子创造的奇迹。

让孩子们感到最骄傲的是，仅3年时间，中国少年儿童“手拉手地球村”已经积攒起卖废品的钱60余万元，分别用于在江西、

甘肃、河北等省的贫困地区建立4所“手拉手环保小学”。

1999年，响应共青团中央“保护母亲河”的号召，孩子们又利用卖废品的钱买树苗，积极参与了“手拉手，捡回一个希望，还母亲河一片绿色”活动，准备在母亲河畔种植起“中国少年世纪林”。

孩子们的行动向社会展示着希望：它使更多的孩子通过参与环保、废品回收，明白自己不仅仅是回收了一个易拉罐、一张废报纸，而是培养了保护环境、勤俭节约、关心伙伴的责任意识。

“手拉手，捡回一个希望”的活动向世界表明，中国孩子创造的不仅仅是用收废品的钱为贫困地区建立“手拉手环保小学”，而且创造了一个用自己劳动的双手为帮助小伙伴奉献爱心的奇迹；不仅仅是建造了保护母亲河的“中国少年世纪林”，而且创造了中国孩子用回收废品的方法保护生态平衡的奇迹。

“手拉手，捡回一个希望”的活动让更多的孩子懂得团结起来力量大，积少成多的道理；使孩子们相信小手也能带动大手，使环境保护、资源再生的意识深入人心。

又一所希望小学在知心姐姐等人的倡议下建立了。

给爸爸妈妈——
捡与扔

一次，北京市景山学校组织学生去景山公园秋游，活动结束集合时，老师发现三年级的陈斐然同学不见了，急忙去找。走到山脚下，只见陈斐然手里拿着塑料袋，正顺着下山的路，把同学们扔下的空易拉罐、包装纸等垃圾捡起来，放进袋里。

“真没想到，这孩子才三年级就有环保意识。她干得自觉，又不图表扬。”老师感慨地对陈斐然的妈妈李宏说。

李宏是我的好朋友，在中央人民广播电台工作，曾主持过《空中礼仪》节目。

我问李宏：“你女儿的环保意识是从哪儿得来的？”

“可能是受我的影响，而我又是受到日本留学生真优美的影响。”李宏告诉我，“一次，我陪真优美去浙江省的千岛湖游览。下船时，我发现真优美迟迟没有下来，回头望去，只见她把游人扔下的废弃物都装进了自带的塑料袋里。这件事给我的印象很深，以后每次外出，我的包里总要放上几个塑料袋。我把这件事也告诉了女儿，每次带女儿出去，废纸、果皮从来不乱扔，有时候没地方扔，就把垃圾带回家。女儿曾经笑着说，我妈妈的包是‘垃圾箱’。渐渐地，女儿也养成了这个习惯，走在街道上，发现有废纸，她都会弯腰捡起来。”

我们每个做家长的，都希望自己的孩子成为高素质的人。但要知道，在现代社会里，有没有环保意识，是衡量一个人素质高低的重要标准。而孩子这种意识的培养，是在家长行为的潜移默化影响下形成的。

家庭环境对孩子的影响是很大的。在德国留学 8 年回国的学者李皓女士，是孩子们“手拉手地球村”的环保博士。一次，她

听说有的孩子为了摆阔气，买了东西吃不了就扔的行为，很是气愤，认为这是不文明的行为。她给孩子们讲了她的一位美国同学皮特尔节约的故事：

皮特尔的父亲去世后给他留下了上百万美元的遗产，但皮特尔平时的衣着很普通，丝毫显示不出自己有什么与众不同。他还很节约，在食堂吃饭时，从不剩饭。一次，有位中国留学生剩了饭在盘子里，皮特尔看见后，一边问："为什么要剩饭？吃不完，为什么不少买一点？"一边端过那位同学的剩饭，把它吃掉了。

皮特尔有那么多的钱，但他却不能容忍浪费。因为餐桌上的粮食、蔬菜从播种到最后变成美味佳肴，需要消耗许许多多的资源和能源。而石油和煤炭都是不可再生的，用完了就再也没有了。因此，浪费粮食实际上就是在浪费宝贵而有限的地球资源，这是很可耻的事。

皮特尔的父亲留给儿子的不仅仅是上百万美元的遗产，更重要的是给儿子留下了珍惜地球资源的环保意识；皮特尔没有因为父亲留下了上百万美元的遗产而挥霍浪费，而是时刻保持着珍惜地球资源的环保意识，皮特尔是一个值得别人尊敬的人，是一个文明的人。这一点，很值得我们学习。

随着近年来社会上对环境问题的重视，越来越多的人加入到了保护环境的队伍。许多家长也加入了孩子们发起的"手拉手，捡废品，建学校"的行动。武汉市有位同学的父亲是位经理，每次赴宴回家，公文包里总要装着已压扁的空易拉罐。他还自豪地对同事说："这是儿子交给我的任务，我要用实际行动支持孩子回收有用的废品。"

这件事让我很感动。这位大经理所做的事情不大，但意义却很大。他用行动告诉孩子，空易拉罐不是废物，而是很珍贵的资源，不要扔而要捡。

平时，在家里或去公共场所，孩子喝完饮料常会听到父母的“教训”：“扔到垃圾箱里去，脏！”当孩子提出“空易拉罐还能卖钱”时，家长却不屑地说：“卖那几分钱还不够劳神的呢！从小那么小气，长大没多大出息！”

在这些家长看来，捡是“小气”，而扔却是“大方”“有派”。实际上这种想法是大错特错了：在现代社会里，是捡还是扔，这是衡量一个人素质高与低的重要标准。素质高的人有回收意识，随时随地都在捡；而素质低的人却愚昧无知，随时随地都在扔。殊不知，如果全世界的人个个扔、天天扔，那么用不了多久，地球就会变成一个大垃圾场，我们的子孙后代将无法生存；如果全世界的人个个捡、天天捡，那么就会捡回一个很大的希望，那就是：资源得到回收和合理的再利用，生态环境得到平衡发展，我们的后代将幸福地生活在这美丽而充满生机的星球上。

所以，如果您是一位有责任感的家长，我想您应该带着孩子去做这样的事：捡。

“知心姐姐，请您给我签个名！”

给孩子——
请加入“手拉手地球村”

提起我们的“手拉手地球村”，我要特别向你介绍我们“村”的“地球博士”——李皓阿姨。

那是1996年一个秋天的下午，我接到一位年轻女士的电话。电话里传出甜美的声音：“您好！是‘知心姐姐’吗？我叫李皓。我想去拜访您，和您谈谈环保的事，只需要一个小时。”

我欣然同意，并邀请她来我家做客。

李皓来了。我立刻被她高雅的气质吸引，接着，就被她美丽的故事迷住了。

原来，她刚从德国回来不久，在德国获得了博士学位。1986年，29岁的李皓去德国留学。德国是一个环境优美的现代化国家。到德国没几天，李皓的手表电池用完了。李皓顺手将卸下来的纽扣电池扔进了纸篓，德国同学大惊失色，跳起来质问她：“你怎么能把废电池扔到纸篓里呢？你是学科学的人，难道不知道，废电池里面的重金属如果进入自然界，会污染环境吗？”李皓赶忙把纽扣电池从纸篓里捡出来，面红耳赤。李皓从未想过，小小电池会造成污染！这是她第一次听到环境污染和环境保护这类概念。更让李皓震惊的是，带毕业生实习时，她所带的一个金发女孩儿，学习十分刻苦，但就在毕业前夕，得了不治之症，而病因正是环境污染所致。李皓从大量的事实中明白，环境污染是多么可怕。过去的垃圾多是烂菜叶、炉灰渣，而现代化生活产生的垃圾是塑料、废电池、重金属等许多对人体及动植物有害的物质。如电池里含有多种重金属，其中镉、汞、铅是毒性重金属排名的前三位。电池表面锈蚀后，重金属进入土壤进而污染地下水，如果被水稻的根部吸收，就会长出镉米来，作为食物进入人体后，不仅造成内脏损伤，还会导致骨质疏松等病症。德国人正是因为看到环境污染对人体健康的危害才更加关心环保的。

又有一次，李皓和德国同学谈论起欧洲灰蒙蒙的天空，她骄傲地对德国朋友说："我请你们去中国的首都北京玩，北京的天空瓦蓝瓦蓝的，人们出去买东西都是自己带网兜，许多散装的商品包装用的是草纸，没有塑料袋，既简单又不污染环境。"

然而，8 年后，李皓回到祖国时，看到的却是铺天盖地的废塑料袋和一次性泡沫餐盒。而且，北京的天空也已经灰蒙蒙的了，星星也看不到几颗了。而此时在德国，人们都是随时备一个白色购物布袋，购物时让售货员将东西直接装入袋中，在年轻人举办各种野餐会、聚会和晚会时，大家不再使用过去流行的一次性塑料餐盘和杯子，而以使用瓷盘和玻璃杯为荣。人们选购鲜花时拒绝用塑料膜包装，选择玻璃瓶装的饮料而不是塑料瓶装的。

李皓学的是免疫生物学，回国后，她到了一所著名医学院的博士后流动站工作。让她吃惊的是，实验室的科研人员常常将实验用过的药品未经任何处理就倒入下水道、垃圾道内。李皓非常气愤，因为有些药品具有放射性和毒性，而楼下就有人在捡垃圾！

李皓还发现，儿童患白血病的概率加大了。当时市场上流行一种夜光恐龙玩具，据测试，其阿尔法射线超过安全值十几倍，很可能诱发儿童白血病。作为一名科学工作者，李皓感到自己有责任做点什么。她说："提倡环境保护是时候了，因为病都出现了，社会对污染显得那么无知，如果家长们有一点知识，就绝不会给孩子买那种恐龙玩具了。"

1996 年 4 月，这位留德 8 年的女博士毅然告别免疫生物学实验室，作为一名环保志愿者走向了社会。

李皓的故事，深深打动了我的心。李皓为我上了第一堂环保课，我觉得在保护环境这门学科中，我实在太无知了。

一种责任感在我心中油然升起。"把全中国的孩子都组织起来成立'手拉手地球村'，听你讲课，让他们都当'环保小博士'，用小行动保护大地球……"我激动地说出自己的设想。

“太好了！我们一起干！”李皓兴奋异常，她不再感到孤单，她确信，会有无数的孩子和她一起宣传环保。

我们多次开会后决定先在《中国少年报》上开辟《手拉手地球村》栏目，聘请李皓当“地球博士”，写文章向孩子们介绍环保知识。

“地球博士”李皓的文章受到小读者的欢迎，孩子们从中知道了，地球妈妈生病了，作为地球妈妈的孩子，有责任去行动。大家跃跃欲试，都想为保护地球妈妈做点事。

栏目创办5个月后，“手拉手地球村”这个富有儿童情趣的名字，就成为了中国少年儿童环保组织的名称。

1996年5月，团中央、国家环保总局、全国少工委、中国少年报社共同决定，在全国中小学校建立中国少年儿童“手拉手地球村”。

1996年6月5日，是世界环境日。中国少年儿童“手拉手地球村”誓师大会在北京市太平路小学举行。时任全国人大常委会副委员长的王光英及夫人应伊利，时任全国人大环境资源保护委员会主任委员的曲格平，时任全国妇联副主席、书记处第一书记的黄启璪，时任国家环保总局局长的解振华，时任团中央书记处常务书记的刘鹏，时任团中央书记处书记的孙金龙等许多领导来到北京市太平路小学的“手拉手地球村”，参加了这个具有历史意义的典礼。时任国务委员、国务院妇女儿童工作委员会主任的彭珮云给大会写来书面讲话，时任国家教委副主任的柳斌向大会发来贺电。

就在那一天，太平路小学“手拉手地球村”的小村民们唱出他们制作的“村歌”——《地球，只有一个》：

太阳就一个，月亮就一个，村民六十亿，地球就一个，地球就一个。东半球有你，西半球有我。我们手拉手，捡回一个希望，唱起春天的歌。

站在阳光下，我们来承诺，保护大地球，蓝天飞白鸽，

生存空间更宽广，绿色家园欢乐多。我们手拉手，创造一个奇迹，唱起永恒的歌。

就在那一天，1500名地球村小村民，高高举起手中绿色的旗帜，向着“地球”宣誓:“保护环境，我们有责；节约回收，我们有责；帮助伙伴，我们有责！”

1997年12月，中国文化扶贫委员会、国家环保总局、全国少工委和中国少年报社联合商定：于2000年，在全国陆续建立2000个“手拉手地球村”。

故事讲到这儿，你可能要问，“手拉手地球村”是如何运作的呢?

不要急，让我慢慢讲给你听。

少年儿童的环保组织以学校为单位，以开展环保教育和环保实践活动为主要内容。

在“手拉手地球村”里，每一个关心环保的孩子都是小村民。村内设有村委会、后援会和顾问团。小村民们从自己的同学中，民主选出小村长、环保小博士、手拉手小记者、回收站小站长、回收银行小会计组成村委会，参与回收活动的组织和管理。由学校、专家和校外辅导员组成顾问团，由老师和家长组成后援会支持指导孩子的活动。

村委会的村民们利用“手拉手议事厅”，定期召开村政会议，组织各种活动；环保小博士主持“地球博士”信箱，负责搜集和咨询与环境有关的信息、问题；手拉手小记者利用“小记者站”，负责环保宣传栏，报道校园环保行动；手拉手回收站定期组织收集、整理、登记村民收集的废品，集中卖给物资回收部门；村里的手拉手回收银行，由小会计负责保管村民卖废品所得的收入，定期寄给设在中国少年报社的“手拉手地球村”办公室。

你又要问了，这些回收款用来做什么呢?这些回收款有两个用途，一个用途是给贫困地区的小朋友建“手拉手环保小学”，上篇已经讲了，3年时间，全国小朋友回收的60余万元，已建了

4所小学呢！自1999年开始，主要建立“手拉手环保书屋”。

另一个用途是用来保护母亲河。你一定知道，母亲河指的是长江和黄河。河水泛滥的主要原因是母亲河源头及两岸树木被乱砍，水土流失十分严重。共青团中央向少先队员发出号召“手拉手，捡回一个希望，还母亲河一片绿色”，准备在河南小浪底建造“中国少年世纪林”。

“手拉手地球村”应有哪些设备呢？

学校要有3个大回收桶，1辆回收车，1个环保棚，1个村牌，1面村旗，上面写着“手拉手地球村”，最好有1个“手拉手环保书屋”。

1998年12月，亚洲农业发展研究基金会为天津等地的“手拉手地球村”捐献了环保设备。

1999年日本驻中国大使馆向北京市100所小学“手拉手地球村”捐献了环保设备和“手拉手环保书屋”，三种不同颜色的回收桶上，分别写着：“请把废纸放进来，森林爷爷谢谢你！”“请把废金属放进来，矿山公公谢谢你！”“请把废塑料放进来，大地妈妈谢谢你！”这100所小学一年内回收废品价值达20万元，在甘肃省宝西县西寨乡后湾村和甘南藏族自治州迭部县旺藏乡建立了两所“手拉手环保小学”。北京市10所学校还派出两名“手拉手友好大使”，参加了这两所小学的落成典礼。

1999年12月16日，中国少年儿童“手拉手地球村”活动表彰暨推进会议在北京举行。时任中国文化扶贫委员会主任的徐惟诚、时任国家环保总局副局长的王玉庆、时任团中央书记处书记的赵勇为北京优秀地球村及优秀小村长、小记者、小博士、小回收员、小会计、小村民代表发了奖。时任教育部副部长、全国少工委副主任的吕福源还写来了贺信。

会上，赵勇叔叔向小村民们发表了热情洋溢的演讲，他说：“我多次参加‘手拉手地球村’的活动，每次参加我都很感动，都受到一次教育。今天听大家总结，我更是受到鼓舞。这是一项了不起的活动，对我们每个少先队员，对全社会，对我们国家都有特别的意义。这项活动至少有三大功劳，第一，通过这项活动，少年儿童受到了很好的环保教育和素质教育；第二，通过这项活动，你们为保护环境、帮助贫困地区作出了特别的贡献；第三，你们的行动，感动了社会，教育了成人。你们自已从中受益了，贫困地区的孩子受益了。这样好的事情，我们要长期坚持，取得更大的成效。我希望更多的学校成立‘手拉手地球村’，希望你们把‘手拉手地球村’的活动和‘保护母亲河’的活动更好地结合起来。你们还要向你们手拉手结对子的朋友宣传，发动他们都来参加这项活动，并向更多的人宣传，让大家都来支持这项活动。我想只要我们共同努力，我们的地球就会更美好，我们未来的生活才会更美好。”

让我们唱起由李幼容作词、龚耀年作曲的地球村之歌——《手拉手，地球村》：

弯弯腰，捡回一个希望，手拉手，托出一颗太阳。希望的太阳就是我们，我们把地球村，打扮得漂漂亮亮！手拉手，把歌唱，地球村是我们共同的家园，手拉手，把歌唱，地球村是我们共同的家园。

弯弯腰，种下一棵小树，手拉手，建成一条绿浪。绿色的长河就是我们，我们让地球村，永远鸟语花香！手拉手，地球村，生命河在我们心中歌唱，手拉手，把歌唱，生命河在我们心中歌唱。

给爸爸妈妈——请您像我这样做

良好的生活习惯和价值观要从小培养，今天的父母，有责任把自己的孩子培养成地球好公民。父母是孩子学做好公民的真正的老师，家庭则是开展环境教育的好课堂。所以，您作为孩子的父母，要时时处处注意自己的言行，为孩子树立好榜样。如果您能勇敢地对孩子说："孩子，请你像我这样做！"那一定会有奇特的教育效果！

当走廊里的灯大白天还亮着时，如果您能主动把灯关掉，并告诉孩子：节约用电就是节约能源，发电厂少发一度电，就少一些对空气的污染，少消耗一些能源……那么，当孩子独自发现白天亮着的灯，也会主动把它关上。

当全家人一起吃饭时，您从不剩饭，并告诉孩子：如果全球停止生产粮食，全世界现有的存粮只能维持全球人吃40天……我相信，您的孩子会吃多少盛多少，碗里不会再剩饭粒。

在家里，如果您能做到垃圾分类，和孩子一起，从废弃物中把废纸、易拉罐、牙膏皮、玻璃瓶和电池等物品捡出来，分别放在不同的袋子里，送到废品回收站。久而久之，您家就成了"地球村"，而村长肯定是您的孩子……

当您带孩子去动物园时，如果事先提醒孩子，动物吃了塑料袋会死去，我敢保证，孩子不会向动物乱投食、不打扰正在休息的动物……

只要您随时把小家庭与大地球联系起来，您的孩子就能从小树立起地球公民的意识，自觉地用小行动保护大地球。只有我们自己和我们的后代都对地球的环境负责，我们人类才能在地球上生存下去。

在手拉手地球村环保论坛上，北京市第一实验小学的学生王尔晴朗诵了自己写的文章——《请留下》。我们做父母的应该读一读：

爷爷奶奶小时候，满眼是广阔的原野，茂密的森林；然而我们天天见到的是，来来往往的汽车，拥挤不堪的马路。爸爸妈妈小时候，闻到的是丁香花的浓香，听到的是小鸟的歌唱；然而我们总是闻到汽车的废气，总是听到刺耳的噪声。在21世纪的门口，我们看到了爷爷奶奶爸爸妈妈小时候，没有看到过的大厦、大桥、大工厂，然而我们也失去了许多许多……

啊，长辈们，请留下，留下一条小溪吧，一条清澈见底的小溪。让鱼儿在清波里自由嬉戏，不要让我们的子孙后代，只能到博物馆里去看，看鱼儿什么样。留下一座高山吧，一座长满树木、葱郁的山。让大象小鹿自由自在地生活，不要让所有的青山变成秃山，不要让小动物无家可归。留下一片蓝天吧，一片洁净的天空。让鸟儿在空中自由飞翔，不要让太阳的脸上布满黑烟，让五彩的鸟儿都变成乌鸦。留下一条大河吧，一条浩荡流淌的大河。让山清水秀人欢乐，不要让我们的眼泪，成为世界上最后一滴水。把大自然留给我们吧，我们一定格外珍惜。因为我们还把它留给我们的孩子，留给我们的子孙，留给未来的地球人。

共同的话题十

茫茫宇宙中有一颗蓝色的星球，她的名字叫地球，我们都叫她“地球妈妈”。

地球妈妈的孩子爱幻想，在美丽的夜晚常常仰望星空，幻想有一天能长出奇特的翅膀，飞到别的星球上去生活，找到一个新的家。

然而，长大了才知道，到目前为止，人类还没有发现别的星球有生命存在。在太阳系八大行星及它们的卫星中，只有地球上存在生命。整个太阳系经过10多亿年的孕育和漫长的变迁，才形成了我们今天唯一能生存的环境——地球。

为什么唯有“地球妈妈”上才能出现生命呢？因为唯有她具备了生命产生并生存所必需的四大圈层：大气圈、水圈、土石圈和进化而来的生物圈。

原来，地球是我们唯一的家！

但是，人们却不爱护“地球妈妈”，严重的污染、破坏性的砍伐让“地球妈妈”生病了。

保卫“地球妈妈”，地球孩子责任大。

“手拉手地球村”的小村民们行动起来了，一场“地球保卫战”开始了！王尔晴的《请留下》说出了每一个地球孩子的心里话。

再过几十年，当你满头白发，成为老爷爷、老奶奶时，面对子孙后代的问话，你该怎么回答？

我相信，你一定会自豪地说：

孩子，往前看，母亲河畔那郁郁葱葱的大树，是爷爷奶奶当年在“手拉手，捡回一个希望，还母亲河一片绿色”活动中亲手种下的，这片中国少年世纪林就留给你啦，你要好好保护她！

孩子，往上看，那蓝天白云又回来啦，当年保护环境，清除污染的“地球保卫战”，爷爷奶奶也参加啦，你可不要放走她！

孩子，你往下看，清水流过你脚下，河边那所小学校，是爷爷奶奶小时候和伙伴们用回收废品的钱建起的，你要常去看看她！

孩子，你往后看，“手拉手地球村”的孩子全来啦，你是他们的好朋友，他们是你的好伙伴，你们团结起来力量大。请记住，21世纪的地球是属于你们的，你要爱护她，建设她，让你们的子孙后代还有一个美丽的家。

第十一章
学会关心学会爱

给孩子——学会感恩

一个孩子的成长，离不开爸爸妈妈和亲人们的关怀和爱护，离不开老师、同学和周围许许多多人的教育和帮助。家长们要让孩子从小懂得什么是爱，让他们把这些爱牢牢记在心中，好好学习，长大以后用自己的行动去回报人们的爱。

“孩子的心是块空地，种什么长什么。”做父母的，如果真的爱孩子，那么从小就要往孩子心里播撒下爱的种子，这比什么都重要。

孩子的正确思想是靠灌输的，爱的种子是需要培育的。无情无义的孩子的出现，是家长过度溺爱的结果。

孩子只要了解了爸爸妈妈的辛苦和不易，就一定会热爱爸爸妈妈、回报爸爸妈妈的。

一位从日本名牌大学毕业的学生，到日本一家效益很好的大公司应聘。公司经理问:“你替父母擦过身吗？”大学生回答:“从来没有。”经理说:“明天再来吧，不过来之前一定要为父母擦一次身。”

这个小青年从小失去父亲，是母亲当用人挣钱把他养大的。

这位青年回到家，看着在外面劳累了一天的母亲，决定要为

她洗脚。他拿来木盆，把母亲的脚放进盆里。当他用手握住母亲的脚时，发现母亲的脚像木棒一样僵硬，他不由得搂着母亲的脚哭了。

第二天，这位大学生再去那家公司，对经理说："谢谢您，如果不是您的指点，我从来没有摸过母亲的脚，我要好好照顾母亲。"

经理点点头说："你明天可以来公司上班了。"

这家大公司效益好的一个重要原因，是公司员工的素质高，有高度的责任心并且热爱自己的企业。而对公司负责，热爱企业的基础，是对父母负责，热爱自己的父母。反过来想想，那些从小就患有爱的麻痹症的人，长大以后又怎么去爱别人，爱企业，爱社会，又怎么会去爱国家呢？

在知心姐姐的感召下，母女俩亲情更浓了。

给爸爸妈妈——
无情的果子自己吃

“这一代独生子女自私，冷漠，不关心人。”无数份关于当代少年儿童思想道德的调查中这么说。有些年轻妈妈，含着泪向我诉说了自己孩子的无情。

有一次，一位朋友伤心地对我诉说：“我很爱我的女儿，我工作那么忙，起早贪黑地为她做了许多事，可她却认为这些都是应该的，一点不领情。一次，我生病了，早上她上学时明明看见了，可放学回到家，看我还躺在床上，就生气地把书包往床上一摔，冷冷地说：‘还不起来做饭，懒猪！’当时，我的心都碎了。你瞧，我把她养到十几岁，有什么用？”说到这里，她满脸都是泪水。

俗话说，女儿是妈妈贴身的小棉袄。女儿本应该最关心妈妈，妈妈的一点儿变化女儿都该最先发现。可这个女儿这样对待妈妈，妈妈能不伤心吗？

这样的事，许多妈妈都遇到过。有一位妈妈说：“我的孩子放学回到家，见到我连招呼也不打，就像不认识一样，‘砰’的一声关上门，进了自己的房间，直到吃饭才出来。”

有一位男孩子的妈妈，无奈地对我说：“别看我的孩子小，可是特别自私。全家人去饭店吃饭，他点的一盘鱼香肉丝，别人谁也不许动，哪怕吃不了扔了。他说，那是他的。”

不少妈妈伤心地得出这样的结论：“唉，我算是看透了。孩子是指望不上了，只好自己照顾自己了。”

许多学校的老师也反映：现在的学生自私，特别是一些学习好的、当干部的学生，反而表现得更加自私。

北京市朝阳区垂杨柳学区举办小干部培训班，请我去给学生们讲“手拉手”互助活动。

开课前，学区的总辅导员对我说："有件事您得跟学生们说说，前几天，我带600名学生干部乘车外出。这些学生上车就抢座位。由于座位没有那么多，必然有站着的。老师们是最后上车的，全站着。有一位老师50多岁了，身体有病，腿都站得肿了，也没有一个同学给她让座。这位老师实在支持不住，准备坐在过道上。刚要坐，一位女同学就嚷起来：'老师您可千万别坐在我的包上，我的包不能坐。'这位老师十分伤心，回来对我说：'别说其他同学了，就连我平时最喜欢的几名小干部，都没有一个给我让座的。'"

妈妈的哭诉，老师的伤心，使我的心灵受到很大震动。

一个人不爱父母，又何以爱他人？妈妈含辛茹苦，把孩子养大，一心想让他出人头地，但是只关心了他的分数，忽略了教他如何做人。终于有一天，他真的进入高等学府，甚至走出国门，却对你无情无义时，你是应该哭，还是应该笑？

我曾看过一篇名为"大学生家书惜墨如金"的报道，一个个触目惊心的事例，让人感到不寒而栗。

曾在内蒙古自治区的一些大中专院校采访，发现校园里有一种现象，就是一些同学的家书愈写愈少，愈写愈短……

某财经学院一位19岁的学生，寄给父母的信连称谓也懒得写，只4个字："一切顺利！"

某钢铁厂一对工人夫妇，收到上大学的独生子的来信，一页信纸上只用碳素笔画了两个大大的问号。这对夫妇苦笑着对邻居说："孩子嫌寄钱晚了。"

大学生们自己毫不讳言，他们的家书普遍等于"催款电报+问候信"，并戏言这类毫无秘密的家书为"致父母的公开信"。

尽管一些大学生给家里写的信越来越短，但父母们还是非常珍惜这些"只言片语"。呼和浩特某中学一对教师夫妇，保存着在外地上学的女儿一封封电文似的信件，面对记者，他们向我们讲述了一组曾在电视上看过的刻骨铭心的镜头：一个大山里的孩子，在“希望工程”中幸运地得到一位素不相识者的捐款，得以重返校园。这位孩子每月都要翻过几道山梁，到县城给他不相识的“恩人”寄一封信。他们感慨：如果我们与自己的孩子是救助与被救助的关系呢？那样，情况可能会好点。

在高年级学生眼里，认为给父母写信太勤是依赖心理的一种表现。许多学生对写家信抱着这么一种心态：给家里写信愈少愈短，愈能说明他们的独立意识强。

大学生追求独立精神固然可嘉，但与家庭亲情是不是真的那么相互对立？大学生们冷淡家书，其中蕴含了什么样的伦理道德、世故人情以及责任义务等观念的嬗变？

近年来，国际上提出一个口号：“学会生存，学会关心。”看来，这不仅仅是我们国家子女教育的问题，而且在世界上带有很大的普遍性。

香港《镜报》月刊创办人徐四民老人，十分关心中国独生子女的教育。他曾经对我说：“现在美国有些青少年变得冷酷无情，亲手把父母杀了，把母亲的血涂在汽车上哈哈大笑。你说，这有多么可怕！我们中国可要重视对青少年思想道德的教育。”

著名的教育家苏霍姆林斯基讲过：“母亲的安宁和幸福取决于她的孩子们。母亲的幸福要靠孩子、少年儿童去创造。”

你的孩子会给你带来什么呢？

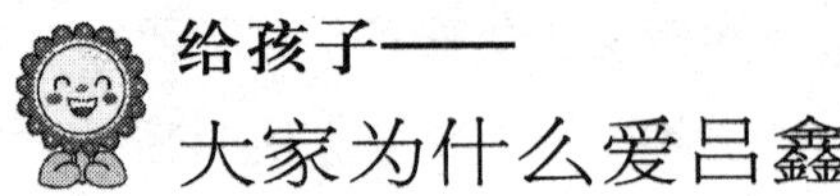

给孩子——大家为什么爱吕鑫

吕鑫，北京城一个普普通通女孩儿的名字，震撼了许许多多大人的心灵。

曾在北京市官园小学读书的吕鑫，有着特殊的身世。她刚刚出生几天，就被生身父母抛弃了，扔在紫竹院公园的垃圾堆旁。清洁工人吕书泉清早打扫卫生时发现了她。这个小女婴口吐白沫，鸡胸，驼背，患有严重的佝偻病。吕书泉双手捧起这个幼小的生命，把她抱回了家。

当时的吕书泉，因一次事故头部受伤，已经从工厂病退到街道成为一名清洁工，每月收入很少。邻居劝他不要收养这个孩子，不要给他那个已经很贫穷的家雪上加霜。可吕书泉不肯："这是个生命呀，我一定要把她养大！"

为此，妻子和吕书泉离了婚。吕师傅每日省吃俭用，但他却用工厂给他治病的2000元钱为女儿治好了病。

吕书泉靠清扫街巷得来的收入维持着父女俩整整10年的生活。小吕鑫没有玩具，没有新衣服，没有糖果糕点，没有零花钱，她的童年并没有像她的名字中的三个"金"字堆砌起来的"鑫"那样显得富足并充满耀眼的光彩。

但是，小吕鑫的童年不缺少快乐，是父亲吕书泉的善良敦厚，使清贫的家充满了温馨。

吕鑫从小就知道，爸爸把全部的爱给了自己。她心疼爸爸，经常帮着爸爸清扫街巷、做家务。

但是，不幸的事情发生了。1995年12月，吕鑫的爸爸得了重病，肚子胀得很大，腿肿得老粗，下不了地。吕鑫每天要照顾爸爸，这一切，吕鑫从来没对任何人说过。

但吕鑫学习成绩下降，引起了老师的注意。老师来家访了。

走进那间小平房，老师惊呆了：屋里黑洞洞的，没有一件像样的家具，一张双人木床上没有床单，只有一条破棉絮。

老师怎么也不能相信，北京城里竟然还有如此贫困的家庭，可爱的小吕鑫承受着这么沉重的生活压力。

学校决定：免费为吕鑫提供午餐。吕鑫哭了："我有饭吃了，可我爸怎么办？我不能让他饿着呀！"

多么懂事的孩子啊！校长马上决定：每天让吕鑫从学校打两份饭，带回家和爸爸一起吃。

1996年元旦前的一天，我听说了吕鑫的故事。我被深深感动了，很快去官园小学采访了吕鑫。

那天中午，校长把吕鑫叫到校长室。我请她坐在身边仔细打量她：这是个十分清秀可爱的女孩子，梳着娃娃头，翘翘的睫毛下一双大眼睛充满了温情。

"你的事情，同学们知道吗？"我问她。

"有些同学知道了。有的给我送来衣服，有的在悄悄凑钱。有一个同学给了我10元钱，让我给爸爸买点好吃的。"吕鑫的言谈十分清楚，别人给她的每一点爱，她都记在了心里。

"你买了吗？"

"买了。"吕鑫激动起来，"我买了爸爸最爱吃的香蕉。"

"爸爸说什么了？"

"爸爸哭了，他什么也没说。"吕鑫的眼眶里湿湿的。

"平时别的孩子吃零食，你不馋吗？"我控制着自己的感情，继续问。

"我能忍住。别人吃好吃的，我就咽咽口水，跑到一边儿去，不看。"

吕鑫的声音很小，但像一个重锤，敲在我的心上。我的眼泪再也控制不住，一颗接一颗滚落下来。

"你爸爸平时对你有什么希望？"

"爸爸希望我成为一个有用的人。"吕鑫想也没想就回答我。

看来，她是把爸爸的希望深深地记在心里了。

“你觉得你爸爸是有用的人吗？”我又问她。

“我爸爸有用！他把大街打扫得干干净净，人们就能高高兴兴地上班了！”吕鑫突然提高了声音，好像在捍卫自己的爸爸。当清洁工的爸爸，在女儿心目中的地位是至高无上的。

“今年过年，你有什么心愿吗？”

吕鑫想了想，十分肯定地说：“我希望爸爸能吃上鱼米饭。”

“什么叫鱼米饭？”我从来没听说过这种饭的名字。

“就是在米饭里泡上鱼汤，还有一条小鱼。爸爸很爱吃。”吕鑫的眼里闪着光，好像鱼米饭就摆在她的面前。

我为吕书泉有这样的好女儿感到骄傲。父女俩生活虽然贫穷，但内心世界相当富有，因为他们拥有无限深情的爱与体贴。这的的确确值得人们羡慕。

吕鑫为什么不自私？吕鑫为什么心里时刻惦记着爸爸，想到别人？这难道不值得我们做父母的深思吗？

与其批评孩子们自私自利，心里总想着自己，倒不如引导孩子们奉献爱心，在奉献中找到快乐。

在我的提议下，官园小学举行了“过年的心愿——手拉手特别行动”主题队会。

会上，吕鑫流着泪，讲述了自己的故事，讲述了自己怎样用微薄的力量，千方百计地回报父亲的养育之恩的事情。

这份亲情，深深打动了大家的心。在场的人们纷纷捐款。到队会结束时，吕鑫收到的捐款竟达到4000多元。不少同学还给吕鑫捐了衣服、学习用品。家境困难拿不出钱物的同学表示，要帮助吕鑫把因家庭拖累而落下的功课补上……一时间，主题队会的气氛十分热烈。许多人眼睛里闪着泪花，大家不仅为吕鑫的故事所感动，更为身边这些一下子变得比平时懂事许多的孩子的所作所为而感动。

为什么这么多人爱吕鑫？就因为吕鑫爱爸爸！就因为吕鑫懂得回报！

我写的报道《吕鑫爱爸爸》见报后，很快在全国的孩子中引起反响。

江苏省金坛芽麓乡长山小学三年级的一群孩子写信来说："我们要向吕鑫学习。我们是苏南革命老区的儿童，省下一点零用钱，寄给吕鑫买点礼物过年吧！"

北京市和平里四小的雷传翼同学，把自己刚得到的40元奖金送给吕鑫。他说，他要像吕鑫一样，热爱父母，热爱所有善良的人。

敬一丹，这位被中央电视台的同人戏称为有着"苦孩子情结"的著名节目主持人，先后八次来到吕鑫身边问寒问暖，亲自为吕鑫买来一张崭新的写字台。敬一丹对我说："孩子们虽小，但有时也会做出感动大人、教育大人的事情。未必社会上的大人们都具有吕鑫的这份爱心。"

那年农历腊月二十八，敬一丹邀请我和她一起在中央电视台《焦点访谈》中，以"过年的心愿"为主题，专门讲了吕鑫的故事。

节目播出后，在观众中引起热烈的反响。

同年2月17日晚，我从《焦点访谈》节目中，看到吕鑫的家竟焕然一新了：崭新的上下结构床、衣柜、写字台，地面铺上了地砖，四壁被粉刷一新，还装了导轨式新窗帘。我真是又惊又喜！

这是谁干的？电视节目中只说是一群不愿透露姓名的个体影视公司的年轻人干的。

我连忙拨通敬一丹的电话，才知道，吕鑫家的变化是一位叫杜禹的人和他的红绿蓝影视广告中心的同事们的杰作。

说起杜禹，似乎没有敬一丹那样家喻户晓。但如果说起大型系列情景喜剧《我爱我家》、台湾40集荒诞喜剧《家有仙妻》及系列喜剧《临时家庭》，大家也许就不陌生了。这些电视剧（片）的总制片人、拍摄引进及发行的主管，就是杜禹。

这一次，敬一丹请杜禹他们协助拍摄吕鑫的故事。杜禹一下子被吕鑫回报父爱的深情打动了。

作为一个10岁男孩的父亲，杜禹发现，教育儿子懂得爱，

比教会儿子学这学那更重要。爱，才能使人有责任感，有使命感；而缺少了爱，人也就失去了存在的意义。身为企业经营者的杜禹，对此的感受比他搞经营体会得更深。于是，他召集单位的职工来到吕鑫家，亲自动手为吕家装修房屋。杜禹说，是吕家给了他一次向企业同事们进行爱的教育的机会。

在官园小学,我见到了杜禹。我们一起参观了吕鑫的“新”家。

杜禹对我说:“平时，我们要装修自家的房子，全是请包工队来干；而这次大家都决定自己亲自干。大伙儿觉得，干这样的事特愉快，值得。刷墙、铺地的活儿我们从来没干过，就边干边学。这就是我们对吕家的一份爱心。”

屋里最引人注目的是一张上下结构的铁床：下层是双人床，上层是单人床，床的铁架喷饰了银灰色的漆；床垫全部用漂亮的花布包起来，十分讲究；床上舒适的新被褥，透着一片温馨。

“这床是从哪儿买的，我怎么从未见到过？”我好奇地问。

杜禹笑了:“这可没地方买，是我设计的。”他告诉我，为了这张床，他颇费了一番脑筋。原来吕鑫和她爸爸一直同睡一张大床。他考虑到 10 岁的女孩儿应该和爸爸分床睡了，但如果换成两张单人床的话，房间小放不下不说，父亲从医院回来后，看到女儿和自己分开了，已经有二十余年精神病史的人能承受得了吗？左思右想，杜禹终于设计出现在这张床，女儿依然不会和父亲分开，在客观上又达到了分床而睡的目的。

街道主任对我说，过去满胡同找不到第二个像吕家这么穷的人家，现在她家的条件成了胡同里最好的。

吕鑫和她的爸爸懂得如何对待人们给予的爱。面对社会各界捐赠的钱款和衣物，吕鑫以稚嫩的童声说出了一句掷地有声的话:“我要把这份爱转送给那些比我更困难、更需要帮助的同学。”

新学期开始时，官园小学根据吕鑫和她爸爸的心愿，召开了主题队会:吕鑫爱爸爸，大家爱吕鑫，吕鑫爱大家。

我和敬一丹、杜禹都去参加了这个主题队会。会上，吕鑫把收到的一部分捐款分给了家境也十分困难的其他同学；把地坛小学同学们送她的花，分送给给予她很大帮助的街道老奶奶和老师们。

吕鑫在会上的发言，实实在在，动人心弦。

> 敬爱的校长、老师、同学们，关心我的叔叔、阿姨们，你们好！你们知道我的身世后都在关心我，为我捐衣服、学习用具和钱。我们班上的曹老师知道我的身世后告诉了同学，同学为我捐钱和学习用具。学校的员主任把我的事情告诉了社会上的人……
>
> 在座的和社会上这么多人关心我，反过来我也应该去帮助比我更困难的人。有的同学上不起学，有的同学缴不起学费，我们班也有跟我一样困难的同学。像袁娜同学家里，外公挣500元钱要养着五口人。我想把人们捐给我的书本和用具还有钱分给他们一些，也表示我的一片爱心。今后，我一定以优异的成绩来报答对我关心的人和爱我的人。

一个年仅10岁的孩子，内心的世界有多么广阔！她把人们对她的每一点爱，都牢牢地记在了心上，一一地表示了感谢。人们觉得，爱她，爱得对；爱她，爱得值！

吕鑫给我的回报是：当着那么多人，用她的小嘴亲吻了我的面颊，深情地喊了我一声："妈妈！"

我的眼泪一下子涌出，我搂住她，深深地吻了她。我觉得，我得到了世界上最高的奖赏！

因为，这是孩子对妈妈的一片真情！

我之所以用这么长的篇幅来讲吕鑫的故事，是因为想告诉年轻的妈妈：妈妈的责任不是去给孩子攒钱，去为孩子营造一个安乐窝，而是要在孩子的心中播下爱的种子，让他知道怎样去给别人带来快乐。因为，大家都爱那些有爱心的孩子。假使有一天，孩子处在困境之中，他一定会得到更多的爱。因为人们需要他。

妈妈的幸福不只体现在年富力强之时，也许在你步入老年行列之后体现得更明显。那时，也许你行动不便，但孩子的爱像幸福的花朵，围绕着你，陪伴着你！

因为，你曾播撒过爱的种子，那是幸福的种子！

有钱的妈妈未必幸福，没钱的妈妈未必痛苦。有了爱你的孩子，你将得到人世间最大的幸福。

正像世界著名的音乐家贝多芬所讲，把德行教给你的孩子，使人幸福的是德行而非金钱。

少年队员们在进行爱国主义教育。

给爸爸妈妈——
教孩子懂得回报

人们都说，母亲是最无私的，不要求孩子回报。我觉得，对于今天的独生子女，母亲应该要求回报，并教会孩子怎样去回报自己的妈妈和家人，怎样去回报别人。

中国有句古话："滴水之恩，当涌泉相报。"

问题是，我们今天有许多在家人的溺爱中长大的独生子女，从未有过回报的实践，于是也未产生过回报的意识。他们认为，别人为他们所做的一切都是应该的，不需要感谢，更不需要回报。一家人围着孩子转就好比行里围着太阳转一样，是自然规律。

妈妈做好了饭菜，孩子不问这饭菜是怎么来的，不问妈妈为这顿饭菜付出了多少辛苦，也不管全家老少是否吃过，上桌就吃；吃得不顺口，还要大喊大叫闹"绝食"。

妈妈给的零花钱，孩子理所当然地收下，还不时说着："怎么才给这么点儿，抠门儿！"

花起钱来，孩子大手大脚，一次可以买十几串羊肉串、几十瓶饮料请客。孩子从未想过，家长挣来这些钱有多么不容易。

孩子为什么不珍惜父母的劳动，为什么不珍惜钱和物，因为他们不知道这一切是怎么来的，以为是从天上掉下来的，一切都来得容易，他享用是理所应当的。

一年春节过后，我们报社 位年轻能干的女记者从外地探望母亲归来，对我讲了一番话，使我大为感动。

她说，这次回去探家，她特地问起自己小时候的事，自己是怎么出生，怎样长大的。没有想到，在自己眼中一向豪放并不怎么细腻的妈妈，却把她小时候的事情讲述得十分细致。

"许多小事妈妈都记得清清楚楚，"女记者激动地说，"快出

生之前，我在妈妈肚子里屁股朝下。为了便于生产，她天天要跪着转动身子，费了不少力气。生我的时候也遭了大罪，因为我的个头太大，不好生……我结婚以后，妈妈寄来的钱，我都心安理得地花了，从来没有觉得有什么不应该。一年前，我曾经对妈妈说过，每月要给她寄 100 元，可我却从未兑现过，妈妈也没有向我要。这次，听妈妈讲了我小时候的事，我特别感动，回北京后，马上寄去 1400 元，从我许愿的那个月补起！妈妈真是不容易，我得好好孝敬她……”说到这里，她的眼泪直打转。

我也差点流泪。

过去常说“养儿方知父母恩”。这位年轻的女记者虽然还没有孩子，但通过和母亲的交谈，她了解了母亲的养育之恩。所以，过去心安理得靠母亲接济的她，终于懂得了用女儿的心去回报母亲，这真是难能可贵啊！

怎样让孩子们知道母亲的不易呢？

我建议搞个“我是怎样长大的”征文活动，让孩子都去访问自己的妈妈或关心过自己的人，让他们从小知道，在他们的成长中，亲人付出的心血，周围人们给予的关心和爱。

一棵小树的成长，离不开阳光和雨露，离不开土壤和养料。当它长成大树，变成木材，建成高楼大厦时，就是最好的回报。

同样，一个孩子的成长，也离不开亲人们的关怀和爱护，离不开老师同学和许许多多人的教育和帮助。孩子要把这些爱牢牢地记在心中，好好学习，努力工作，长大以后用自己的行动去回报祖国的爱、人民的爱、亲人的爱。

家长要让孩子感受到亲人对他的关心、对他的爱，并且一点一滴地教他去回报。

我和我二哥曾是全国特级教师、北京史家胡同小学张效梅老师的学生。我们小时候，张老师冒着风雪，顶着烈日，一次次来家访。我二哥五年级去长影拍电影落下了功课，张老师经常用业余时间为他补课，使他终于考上了北京市重点中学。我到报社工作，也是张老师极力推荐的……我妈妈总对我们讲：“你俩永远不能忘记张老师，她对咱们可是恩重如山啊……”我记住了妈妈的话，回到北京二十多年来，每年春节我都去看望张老师，从未间断过。三四十年来师生之间结下的深厚友情，在老师七八十岁、我们也年过半百之后，更显得十分珍贵。

我想，这棵友情之树，今天之所以能够根深叶茂，是因为童年时，张老师在我们的心田里播撒了爱的种子；之所以能够结果，是因为妈妈经常浇水施肥，时刻提醒我们不忘师恩。

孩子的正确思想是靠灌输的，爱的种子是需要培育的。无情无义的孩子的出现，是对家长过度溺爱的报应。

孩子只要了解了父母的辛苦和不易，就一定会热爱父母、回报父母的。

邻居们都说，我们兄弟姐妹最孝敬妈妈；而我们却说，我们的妈妈是世界上最伟大的妈妈，最值得爱。因为我们每个人都深深地知道妈妈为我们的成长所付出的心血。

我妈妈一共生了 8 个孩子，活下来 6 个。妈妈是个很坚强、很有志气并且很有能力的女性。由于工作需要，爸爸不常在妈妈身边，为了我们兄妹，她一直没有出去工作，把全身心都奉献给了她的孩子。她常常说，我一生中最大的财富就是我的孩子们。

我因为工作太忙，不能经常回去照顾妈妈，有时只好请我丈夫或儿子去为妈妈做顿好吃的饭。每次我去各地采访，都要为妈妈买回一件礼物，或带回些穿的、吃的。妈妈总是自豪地说：“瞧我多有福气，坐在家里，什么地方的好吃的都能吃到！”尽管这样，我心中总是有一种内疚。我真想有一天，什么都不必去做，只是回到妈妈身边去照顾她老人家。

回报与酬谢不同。回报是一个人从内心里感谢别人对自已的帮助，代表着一种深深的情谊；而酬谢，是一种还礼，一种答谢，多少掺杂了一些经济的利益。

儿女和父母之间的感情是一种自然的、发自内心的亲情。父母并不希冀什么回报，而每个孝敬父母的孩子都知道回报，也都在默默地、自觉地回报。正是这种亲情，维系着每一个家庭，成

为家庭幸福的凝聚力。

所以，一个家庭是不是幸福，并不在于钱的多少，而在于家庭成员之间亲情的深浅，家庭凝聚力的大小。

父母不必企盼子女当大官，发大财，只要用人格的力量把孩子培养成人，就一定会有一个幸福的家。

1996 年 4 月，某报报道中提到这样一个数字：上海市有 6000 名子女在国外求学、工作的老人，在国内过着贫困的生活，只能接受社会和亲友的接济，其生活状况低于困难老年群体和高龄老年群体。这部分“留守老人”主要是年龄高、退休早、收入低，虽然子女在国外，因生活状况不佳，尚不具备赡养老人的能力；有的则因子女在出国时所欠债务至今尚未还清，国外汇来的赡养费仅能用于支付债款；也有的“留守老人”与子女关系不佳，远在国门之外的子女不愿意赡养。

“球”飞出了国门，辛苦一辈子的年迈老人却成了“守球门”的留守老人，过着贫困生活。真不知道千方百计把孩子送出国门的父母们，等待的是什么。

金钱不是万能的。没有爱，哪有家？

给孩子——特日格勒的苦难和快乐

在现实生活中，许多家庭的积蓄增加了，温情却减少了；孩子长大了，亲情却淡漠了。生活中缺少快乐，缺少爱的情感，许多父母和孩子都陷入深深的痛苦之中。

一天，北京市校尉小学的老师，拿来500多封孩子写给“知心姐姐”的苦恼信，请我去给他们上课，帮助孩子们解决这些烦恼。我读了这些信，仿佛掉进了“苦海”！

就在这个时候，蒙古族少年特日格勒和他的妈妈闯进了我的生活。

13岁的特日格勒来自内蒙古大草原，患有先天性输尿管返流，继发双肾积水、慢性尿毒症，急需换肾。十多年来，父母带着他到全国各地艰难求医，病情并没有好转。最后，全家把家产变卖干净，进京治病。特日格勒不想中断学习，一边看病，一边到北京市朝阳区辛店小学借读。为了挽救儿子的生命，母亲决定把自己的肾捐给儿子，可捐肾的手术费就需要5万元。

万般无奈的母亲找到了我。我被这位贫困母亲的爱心和儿子好学勤奋的精神感动，决定动员孩子们一起帮助这一家人。

4月8日，我在北京市校尉小学作报告时，动情地讲述了特日格勒一家的故事，邀请学校派出小记者去采访特日格勒，并替我带去我捐出的500元钱。

报告会后，全校师生纷纷为特日格勒捐款。在没有准备的情况下，全校师生共捐了1100元钱。

第二天，校尉小学7名小记者在李秀琴主任的带领下，去辛店小学采访了特日格勒。

小记者在采访报告中说：

我们猜想，他一定是一个对生活毫无希望的人，见到我们，一定会哭。

但是没有想到，我们见到特日格勒时，他穿着一身蓝色蒙古袍，坐在会议室的沙发上，脸上却挂着微笑。从开始到结束，他一直在微笑。

特日格勒告诉我们，他从一生下来，双肾就严重坏损，每天只能喝250毫升的水，喝多了，肾排不出尿来，再渴就只好用水漱口了。他的腿严重缺钙，骨质疏松，别说跑步，就是走都走不了多远，一摔跤就会骨折。他个子矮小，13岁了长得和七八岁的孩子一样高。10多年来，他动过大小手术9次，生命的大部分时间是在医院病床上度过的。上学的时间加起来不到两年。他笑着说："我最喜欢的一件事就是上学，虽然学习有压力，可老师和同学经常帮助我，给我补课。"

这时，辛店小学刘校长拿来特日格勒的几本作业。呀，字真漂亮，成绩那么好。校长介绍说，特日格勒现在上五年级，学习很努力，从不让老师费心。

说起看病，他的妈妈说，10多年来为孩子求医治病，早把家产变卖干净。目前每周要到医院做两次透析，每次400元，这次换肾手术需要5万元。这是个天文数字。妈妈决定把自己的肾给儿子，还要去卖血继续为儿子治病。

这时，特日格勒的眼圈红了，强忍住就要夺眶而出的泪水，微微一笑："我给父母和社会带来这么多麻烦，将来我会回报他们的！"我们问他："你对今后有什么想法？"他的眼睛里闪着光，乐观地说："长大了我要做一名医生。我现在喜欢下国际象棋，喜欢看书，将来有一天我的病好了，我就去跑步。"说到这里，他又憨厚地笑了。

要告别了，当我们把临来时大家凑的1600元钱交

> 给特日格勒的母亲时，这位坚强的母亲哭了，一个劲儿地说："谢谢，谢谢……"她说，几天前辛店小学的农村孩子也为特日格勒捐了钱。

小记者们在采访报告的最后写了自己的感受：

> 汽车开动了，我们早已没有了来时的说笑，大家被特日格勒的命运震撼了，被他那乐观的精神感染了。想起我们平时常为太多的作业而烦恼，为没有时髦的新衣新鞋而烦恼，要是受了一点伤或一点委屈就哭得要死要活的……比起特日格勒遇到困难，我们这些苦恼又算得了什么呢？

我们常说帮助永远都是相互的。当你了解了他人的苦难，你忽然发现自己比对方幸运多了，当你去帮助一位有困难的人，你忽然感到了前所未有的快乐。正如一个为买不起好鞋而烦恼的人，出门看到一个没脚的人，他立刻觉得自己已经很幸福了。幸福常常是在和不幸比较之中获得的。那些在优越的环境中烦恼的孩子，一旦有机会走近和去帮助那些同一片蓝天下、不同命运的孩子，他们的情感世界就会发生变化，他们的生活也会随之改变。

顽强与死亡抗争的蒙古族少年特日格勒，用自己的微笑，感动了其他孩子。他们领悟到：人生最大的胜利是战胜自己，人生最大的快乐是帮助有困难的人。

后来，通过"知心姐姐"在网上求助，大家为特日格勒共捐了近4万元。

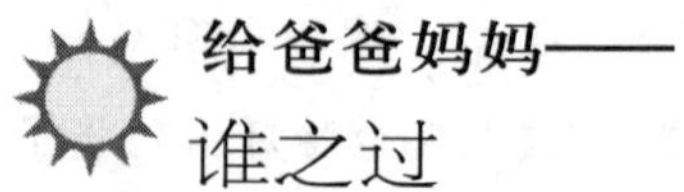

给爸爸妈妈——谁之过

自私、冷漠表现在孩子身上，那么责任在谁呢？是谁种下自私的种子？

让我们看看曾经发生过的事。

一次，我到北京市一所重点小学采访。刚来到校门口，就看见一位年轻的妈妈在“教导”自己的孩子。看上去那个孩子刚入学。

妈妈双手叉着腰，好像在和谁吵架：“听着，傻儿子！中午学校发水果，你一定要挑个大个儿的。一样交钱，凭什么咱们吃小的！”

她的声音很大，好像自己的儿子受了什么不公平的待遇和委屈。

孩子小声说：“老师让我们学孔融让梨，在学校吃水果要挑小的。”

“瞎说！让什么梨呀，一样花钱，就要挑大的！别当傻帽儿！”

孩子睁大了眼睛，看了看妈妈，走进校门。“孔融”却被留在了校门外。

“孔融”哪里去了？被功利主义的妈妈“辞退”了。

有些年轻的妈妈自己道德标准发生了质变，认为孔融把大梨让给别人，纯属“弱智”，纯属“傻帽儿”。千百年来，中国母亲用来教育子女学会谦让的传统美德，被几句粗鲁的话毁于一旦！她只想着不让自己的孩子吃亏，可没有想到，教育是从母亲膝上开始的。凡母亲所说的话，都会影响到孩子的品格。孩子吃个小梨，并不会影响身体健康，而母亲自私的溺爱，却会使子女和自己自食恶果。

听北京市垂杨柳学区的总辅导员介绍，那次集体乘车，学生不给老师让座的事，学校领导曾在家长会上提过。从学生那里反馈回来的信息是："我妈说了，交了车费，就该有座。老师没座，干吗不去再租一辆车？"如果你是那位站得腿肿的老师，你会怎样想呢？

一个梨、一个座位，看起来是小事，但对成长中的孩子来说可是天大的事。正像一位朴实的农民妈妈讲的："孩子的心是块空地，种什么长什么。"种下自私的种子，自然会结出无情的果子。

教育家曾经说过："一个恶母，一个偏私的母亲，对于儿童是最可悲的领导者。天下的慈母们最好记住，往往在她们认为无关紧要的行为上，她们便播下了不幸的种子。"

"孤犊触乳，骄子骂母。"《后汉书》中的这句话，流传千古，今天读起来，别有意味。难道我们这些独生子女的家长，要到挨子女"骂"的时候，才能够醒悟吗？

河南省开封市一位老师告诉我，他在学校门口见到这样一幕：

爸爸妈妈送一个一年级的男孩子去上学。在校门口，孩子就是不进校门，定要爸爸喊他一声"爸爸"。

爸爸不肯，妈妈怕孩子上学迟到，央求丈夫说："你就小声叫一声吧！"

丈夫拗不过儿子和妻子，只好向儿子叫了声"爸爸"。

"哎！"儿子大声答应着，大摇大摆地走进校门。

可以想象，这样没大没小、放肆任性的孩子，长大了能关心父母吗？

我带一个小学生代表团去日本参加数学比赛。其中有一个男孩子非常不懂事。几个国家的孩子坐在一桌吃饭，他总是把自己喜欢吃的菜挪到跟前，不管别的小朋友能不能吃到，就自己抱着盘子吃起来。

有一次，桌上摆了 4 根不同品种的香肠，每根上切有 6 刀，正好每人一段。这个男孩子最爱吃香肠，一下子把所有香肠都夹到自己碗里。

我小声提醒他："你怎么把整个香肠都夹到自己碗里，别的小

朋友怎么办？”

“我爱吃！我就拿。”男孩子满不在乎，好像天底下只有他一个人。说完，头也不抬就吃起来。吃饱后，四脚朝天躺在地毯上。

陪团的中国留学生看到这种情景，十分气愤：“这样的孩子太不懂事，太缺少家教了，真给中国人丢脸。”

更令我生气的是，回国前在东京机场，这个男孩子和另一个男孩儿争一辆行李车。争不过，上去咬了人家一口，把后背都咬破，肿了起来。

中国是礼仪之邦，谦逊礼让自古以来就是中国人的美德。可现在，这一代孩子身上却丢掉了很多。这怨谁呢？

返回后，我连夜召开了家长会。我向男孩子的母亲询问了孩子在家的情况。

这位母亲十分无奈，给我写了一封长信。信中说，她丈夫 36 岁得子，对孩子娇生惯养，全家人也对孩子百依百顺，要什么给什么，惯得不成样。现在上了六年级，什么规矩也没有，三天两头惹祸，全家人真是愁死了，就怕他回家。

司马光有言曰：“爱而不教，使沦于不肖，陷于大恶，入于刑辟，归于乱亡，非他人败之也，母败之也。”古人的话，对今天的母亲来说仍有很强的现实意义。

对父母来说，这唯一的孩子是属于你们的，但是对我们中华民族来说，这个孩子是要担负重任的。当溺爱他时，可能在想：孩子还是孩子！可是父母忘记了：孩子将要长大成人。一个孩子的未来命运永远是父母的工作，从这个意义来说，一个民族未来的命运也同样掌握在今天父母的手中啊！

著名教育家苏霍姆林斯基在他所创办的学校的墙壁上挂了这样一幅标语：“要爱你的妈妈！”当有人问他，为什么不写“爱祖国”“爱人民”之类的标语时，他回答说：“对于 7 岁的孩子，‘爱自己的妈妈’更容易懂，也容易做，能为日后进行爱国主义的教育打下基础。”

可以想象，一个从不爱父母、不爱同学、不爱老师的孩子，长大能爱祖国、爱人民吗？一个不爱国、不爱家的人，能够尽心竭力地去建设祖国21世纪的大厦吗？

为了大厦下的这片土地，许多中华儿女献出了宝贵的生命。那些高喊着“为了新中国，冲啊”而端起冲锋枪、抱起炸药包，用自己宝贵的生命换来战斗胜利的年轻英雄，不也是十几岁的孩子吗？送他们上战场的，不正是他们的母亲吗？没有他们的牺牲，哪有今天这阳光灿烂的天空？

母亲不仅仅属于家庭，而且属于世界。是无数伟大的母亲，养育了一代代中华民族的优秀儿女。我们能有今天，首先应该感谢我们的母亲。

今天，我们当了母亲，在我们手中将产生肩负大任的新的一代。如果我们漫不经心，如果我们溺爱，如果我们在孩子心中埋下自私的种子，我们今后必将自食恶果！我们民族将走向衰败！那时，我们将成为千古罪人！

被中国母亲所敬仰的邓颖超大姐，她一生没有生育一个子女，却养育了一批烈士子女，并为我们当母亲的留下了箴言：“现代的父母对孩子不应有占有的自私观念，应将子女培养成为国家社会的人才，献给社会国家，不应把栽培孩子的目的看成是为了自己享受和养儿防老的狭窄目的上。”“父母们应当按照社会主义的标准来教育儿童，以培养他们的爱祖国、爱人民、爱劳动、爱科学、爱护公共财产的优良品质。”

年轻的妈妈们，跳出个人狭隘的天地，用博大的胸怀、高尚的人格塑造自己，用崭新的母爱去培养孩子，为我们的民族创造美好的明天！

给孩子——学会尊重平凡的人

有一个北京男孩儿，叫郭沫。他像个小绅士，说话做事大大方方，对人总是彬彬有礼。一次，我们要开一个“手拉手地球村”小记者新闻发布会，我们选中郭沫当新闻发言人。

郭沫小小年纪怎么会这样气质高雅、出类拔萃呢？两年后，我偶然看到郭沫的一篇作文《尊重》，明白了其中的原因。

我妈妈是北京大学的教授，虽然她自认为学问做得不够好，但那是她自己谦虚，不管怎么说，她也算是个高级知识分子了。一般人都会觉得，知识分子往往自视清高，看不起人，不易与人相处。但我从妈妈身上看到的是另一种情况。

在我们家住的大院内，有一个收废品的人。他看上去有 50 多岁的样子。由于风吹日晒，面孔又黑又红，皱纹密布，实际年龄其实看不出来了。在没有废品可收的时候，他就衣衫褴褛地蜷坐在石阶上，以看过往的行人消磨时光。所有经过的人，或者根本不注意他，或者只是偶尔投去怜悯的目光。大多数人只是在忽然发现家里的破烂需要处理了，才想起他。

我妈妈也在他这里卖过一次废品。以后，每次路过石阶时，就好像熟人似的会与那个叔叔（以前，我根本没有想到这样称呼的，因为我们都叫他“收破烂的”）打声招呼，譬如:“还没收摊哪！”他见了妈妈也常说声：“下班了啊！”虽然只是几句极为简单的寒暄,但我发现，每次那个人的眼睛都会因为有人和他说话而发亮，当然，后来我懂了，这是一个人受到尊重的一种反应。

有时遇到刮风下雨，妈妈还给他个遮风挡雨的东西。春节前卖废品时，妈妈还送给他一瓶酒。他对妈妈的感激，也只能体现在他收我们家的废品时，总是多找几毛钱（我估计现在没人会在乎几毛钱），而妈妈自然不会收。最有意思的是，一次我们一家人上街，在一个繁华的地方，忽然看见他骑着那辆破三轮车帮人干活。他兴奋地和妈妈打招呼，没有丝毫自卑，妈妈也大大方方地和他寒暄。我和爸爸都笑了，说人家以为你们真是朋友呢！妈妈说，怎么不可以真是朋友呢！

在妈妈的影响下，我对看门的大爷、修鞋的师傅、卖菜的大婶都友好地打招呼。我学会了尊重。人本来是生而平等的，但由于各种原因造成了事实上的不平等，我们每个人应该努力消除社会的不平等。在日常生活中，首先要学会尊重他人。尊重他人，是民主文明社会人们最基本的道德准则。尊重他人，才会得到尊重。尊重他人，就是尊重自己。

原来，郭沫是从妈妈那儿学会了尊重。

在生活中，不同的职业只有分工的区别，没有高低贵贱之分。郭沫从小明白了这样的道理，便发自内心地热爱和尊重每一个普通人，好的品质也就因此形成。

美国作家拉凡 · 斯蒂恩曾讲述过自己的故事，他从父亲对一个贫苦孩子的尊重中，懂得了怎样做人。

我家住在北达科他州莫特市的一个草原小镇上，爸爸在那里开了个小商店，我们七个孩子从小就在店里帮忙。这样，我们自然就学到了从商的技能。

开始，我们只是做些诸如打扫卫生、把货物摆到货架上，以及包裹材料之类的零活，后来我们就开始接待顾客了。在这期间，我们逐渐了解到这项工作的意义不仅仅是为了生存。有一天，爸爸给我上的一堂课让我永远铭记在心。那是在圣诞节前，当时我上八年级，只在晚上干活，管理玩具。晚上，一个五六岁的小男孩儿走进商店，身上穿着一件棕褐色的旧衣服，袖口又脏又破。他的头发乱七八糟，鞋子磨损得非常厉害，鞋带还是断的。在我看来，这个小男孩儿穷得根本买不起任何东西。他在玩具部左看右看，不时拿起一两件玩具，然后又仔细地把它们放回原来的位置。

爸爸下楼走到小男孩儿身边，和蔼地问小男孩想买什么。小男孩说他想为他的兄弟买一件圣诞礼物。爸爸对待他的态度就像接待成年人一样，爸爸告诉他随便看，尽管挑，小男孩儿确实这样做了。

大约20分钟后，小男孩儿小心翼翼地拿起一架玩具飞机，走到我爸爸面前说:“先生，这个多少钱？”

“你有多少钱？”爸爸问。

小男孩儿握着的拳头松开了。他的手掌因为紧握着钱而留下又湿又脏的痕迹。手掌展开后，我看到里面有几枚硬币，合计27美分。而他选中的玩具飞机价值3.98美元。

“你的钱正好够。”爸爸说着接过他手中的钱。爸爸的回答至今仍在我耳畔回响。在我为小男孩儿包裹礼物的时候，我心里一直在想着这件事，当小男孩儿走出商店的时候，我没有再去注意他身上那件又脏又旧的衣服和他那乱蓬蓬的头发，我只看到一个怀抱珍宝的容光焕发的男孩儿。

为什么要赔钱把玩具飞机卖给小男孩儿？因为小男孩儿是想“为他的兄弟买一件圣诞礼物”，父亲看重的是小男孩儿的爱心，因为大爱无价！

但父亲为什么不直接把玩具飞机白送给小男孩儿，而是问他有多少钱？因为父亲明白，小男孩更需要尊严，而不是施舍。

斯蒂恩在父亲的感染下，学会了看人。先前看到的是破旧的衣服和乱七八糟的头发，后来，“只看到一个怀抱珍宝的容光焕发的男孩儿”。

当你学会了尊重，你将成为一个受人尊敬的人。

只要跟知心姐姐在一起，孩子们就特别有信心。

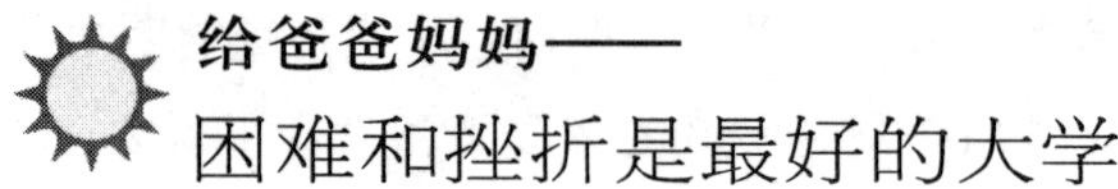

给爸爸妈妈——困难和挫折是最好的大学

对成长中的孩子来说，困难和挫折是最好的大学。

居里夫人是我们全世界女性的骄傲。她那种在挫折和困难面前不屈不挠的精神着实令人折服。她曾经说过："我从来不曾有过幸运，将来也永远不指望幸运，我的最高原则是，不论对任何困难都决不屈服！"

困难和挫折，对于成长中的孩子来说，是一所最好的大学。无论什么人，只要他没有尝过饥与渴的滋味，他就永远也享受不到食物和水的甜美，不懂得生活到底是什么滋味；一个孩子，如果他没有经历过困难和挫折，就品味不到成功的喜悦，没有经历过苦难，就永远感受不到什么叫幸福。

良好的承受挫折的能力，受到挫折后的恢复能力和百折不挠、不向挫折屈服的精神，是成功人士不可缺少的素质。培养承受苦难和不屈服于挫折的能力，对今天的孩子尤为重要。

近年来，在培养跨世纪人才的话题中，挫折教育越来越引起人们的关注。让孩子在艰苦的环境中，一洗养尊处优的习气，磨砺坚强的意志，学会"在黑暗中看到光明"的自信和技能，培养他们的韧性、耐挫力和受挫后的恢复能力，从而使他们不仅学会从别人或外界的给予中得到幸福，而且能从内心深处激发一种自己寻找幸福的本能。这样，他们才能在任何困难和挫折面前泰然处之，保持乐观。这是人生的无价之宝。

我们做父母的，不愿让孩子去经历苦难，总是千方百计地为孩子设计充满笑脸和鲜花的明天。但是，生活是无情的，也许有千百种灾难在等待着一个年仅几岁或十几岁的孩子，畏惧这些灾难的人，永远不会有幸福。

奥斯特洛夫斯基曾经说过：“人的生命，似洪水奔流，不遇着上岛屿和暗礁，难以激起美丽的浪花。”一帆风顺长大的孩子，很难创造出生命的辉煌。

关于挫折教育，早在远古时代就已经开始了。在一些原始部族里，少年男子如果想拥有成年人的权利，被社会接纳，必须要通过一次优胜劣汰的近乎残酷的考验：大人们把这些少年男子放到一个没有人烟、野兽经常出没的恶劣困境中，让他们品尝孤独和挫折的滋味，学会面对和战胜各种困难。只有经过千辛万苦奋力挣扎返回部族居住地的少年男子，才能被证明已是个成年人，是个真正的男子汉，他们才能享有成年人的一切权利。这种考验可视为人类早期挫折教育的雏形。当然，这种以生命为代价的挫折教育，不免有些惨无人道。

现代社会里，尤其是一些发达国家，由于物质生活条件优越，就更加重视对下一代进行挫折教育。

日本很早就开始对孩子进行挫折教育。一些平民学校的老师经常带领学生到户外上课，让学生们到大自然中寻求知识和体验生活。这种名为修学旅行的教学方式一直沿用至今，其中体验生活的内容与我们现在开展的挫折教育相仿。

近年来，日本比较流行的做法是，定期向学生供应由萝卜、粟粒煮成的“饥馑午餐”，目的是让他们了解父辈的艰苦生活。学校还规定了穿短裤、短裙的日子，这一天，哪怕气温再低，全校学生一律都要换短裤或裙子；在学校规定的穿长衣的日子，无论天气多热，学生们都必须换上长衣长裤……

每年，日本都有一些有钱的人花钱让孩子到中国来参加夏令营活动，让孩子背着很沉重的背包，到草原上走 走，尝尝吃苦的滋味；他们有时还把孩子放在荒岛上，让孩子懂得什么叫饥饿，让他们学会自己生存。

有位老师对我说，不久前他们学校的孩子同日本的孩子一起开展了一次活动。老师们发现：日本孩子身上有一种不怕困难、坚韧不拔的韧劲儿，耐受力很强，孩子发了烧，自己想办法，不

去找老师。他们的领队说，从小家长就告诉他们，爱护身体是自己的事，自己的事要自己负责。

在韩国，家长同样也很注重从小锻炼孩子的意志。他们给孩子穿上羽绒服，让他们在冰窟窿里待上一阵儿再出来，让孩子懂得寒冷的滋味。

可是，在我们国家，挫折教育做得却很不够。由于父母的娇宠，孩子的心理承受力相当脆弱，一点点小的挫折或失败就有可能酿成一桩惨祸。

一个 9 岁的男孩儿，平时在家里很得宠，在学校是个中队长。有一天，他向哥哥要糖吃，哥哥说，糖是留给爸爸的，没有给他吃，这孩子一气之下竟用红领巾上吊自杀了。心理脆弱到了何等地步！

究其原因，是因为现在孩子们的生活太幸福了，许多家长唯恐自己的孩子再遭受艰难困苦，能够替孩子承受的，他们都“承包”了。幸好，并不是所有的孩子都有这样的“幸福”。一些生活在贫困环境中的孩子，由于生活的磨炼，比家庭条件优越的孩子更容易形成良好的品质。

黑龙江省有个男孩子叫纪洪波，他的爸爸只有一条腿，一只胳膊，妈妈没有双腿，只有一只胳膊、两个手指。从小，爸爸妈妈就没有抱过他，学走路时摔得鼻青脸肿。3 岁起，他就自己照看自己了；到了 5 岁时，他就能帮爸爸做饭了。

后来，爸爸去世了。妈妈便不吃饭、不起床，她不想活下去了，因为她不想连累儿子。小洪波对妈妈说：“妈妈，您不能走！您走了，我就成孤儿了。您好好地活着，我一定能养活您！”

从那以后，他每天早早起来给妈妈做饭、熬药，帮妈妈套上假肢后，自己再吃饭上学。一次，他病了，咬着牙挣扎着走下楼时，昏倒在地上，被过路的民警送进医院，他才知道自己患了十二指肠溃疡，面临着穿孔的危险。医生告诉他要住院治疗时，小洪波哭了：“我住了院，谁来照顾妈妈呢？”

我想，像纪洪波这样经历过磨难和挫折的孩子，才会真正懂得生活的真谛，也才会更好地爱别人，爱我们的祖国。

承受挫折的良好心态，是在童年和青少年时受过挫折并不断地解决困难中磨炼出来的。这是一个人素质高低的重要标志。

卢梭曾经说过："你知道用什么方法一定可以使你的孩子成为不幸的人吗？这个方法就是百依百顺。"

所以，爸爸妈妈对孩子的过分娇纵、百依百顺，只会产生强烈的负面效应；爸爸妈妈无微不至的关怀，只能让你的孩子一次次地与能磨炼他成长的艰难困苦、失败挫折失之交臂，使得他们缺乏面对挫折并战胜挫折的勇气和经验。一旦遭受挫折，便会无所适从，一蹶不振。

巴尔扎克说过："苦难是人生的一块儿垫脚石，对于强者是笔财富，对于弱者却是万丈深渊。"一个人受不了委屈，经不起挫折，害怕困难，是不可能面对未来竞争激烈的大千世界的。哪位父母又能够保证，你的孩子一生不会受到挫折呢。

我想，明智的爸爸妈妈一定不会把孩子泡在蜜罐里，养在温室里，让他们经历磨炼，了解苦难，激发出同情心、责任心和意志力，是孩子一生的财富，是幸福快乐的基础。

孩子用"下次努力"调整心态，经受磨炼。

第十二章
在知心姐姐教导下成长

徐力——
我要对自己的事负责

少年失足成千古恨

十几年前，在浙江省金华市，发生了一起震惊社会的惨痛事件：某学校高二学生徐力，用铁榔头打死了生他养他的母亲！浙江省金华市中级人民法院以故意杀人罪判处徐力有期徒刑 12 年。

为什么一个 17 岁的“好学生”会使用如此残忍的手段对待自己的母亲？为什么爱儿子的母亲会死在儿子的手中？产生悲剧的根源究竟是什么呢？

我同几名记者一起来到了金华市的看守所。

在看守所我们见到了徐力。如果不是他手上的钢铐，谁能相信眼前这名身材高挑、脸庞白净、表情温和的男孩，竟然是打死了自己母亲的凶手！

我们交谈了 100 分钟！

徐力的每一句话，都深深刺痛了我的心。从看守所出来，我们谁也没开口说话。我只觉得眼在流泪，心在流血！

一个好端端的花季少年的青春年华就这样被葬送了！一个母

亲的艰难的生命历程就这样悲惨地结束了！我的心中，好似刮起一场沙尘暴。究竟是谁杀死了谁？谁应该对谁负责？孩子的成长究竟需要什么？

冷静地想一想，今天我们的家庭究竟出了什么问题？我们应该怎样科学地教育孩子，又应该怎样科学地教育父母？

徐力第一句话就说："在家里，我没有一点儿秘密，我很压抑。"

"我的父母总是把我当小孩看，把我管得很死。我家是两居室，我有自己的房间，但是我没有自由的天地。我家没有一个抽屉是带锁的。我以前有写日记的习惯，有时会把不愿讲的事情记在日记里，放进抽屉。但我的任何东西妈妈都要翻看，我一点儿小秘密都没有。有一天，我偷偷出去和同学溜冰，妈妈趁我外出时偷看了我的日记，发现了这件事。等我回来，她骂我怎么这么不听话，狠狠地打我的脸、打我的腿。我从此再也不写日记了。

"上高中以后，在家里，我感到妈妈处处在监视我。家里的电话响了，我没有资格去接，都是她先去接。有时同学打电话找我，她总是问：'你是谁，你找徐力有什么事？'问得清清楚楚，才把话筒给我。我跟妈妈说过不要这样，但她说，你可能在外面交坏朋友，根本听不进我的话。后来，同学们都不敢给我打电话，还嘲笑我说：'徐力呀，谁敢给你打电话？你妈妈太厉害了！'我有时觉得孤独，想打电话给同学，妈妈就说：'有什么事在学校都讲完了，还有什么好说的，打什么电话？'"

如果没有仇恨，孩子应该是不会打死自己母亲的。于是我问："你是否因此恨你的妈妈？"

徐力说："恨谈不上，只是压抑感越来越强。我很爱打球，可妈妈不让我打，只让我在教室里学习。读高中后，每天都有晚自习。晚自习前有一段时间，同学们可以在外面打打篮球。这时妈妈经常到学校来，监视我是在学习还是在玩。她希望我把所有的时间都用来看书学习。我有时多玩了会儿，晚了 10 分钟回家，妈妈也要骂我打我。她经常打我，用棍子、用皮带、用扫帚，有时把扫帚都打断了，我也不还手。我曾经跟她说我的理由，但她从来不听。

“上高中以后，母亲要求我每次期中期末考试的成绩都要排在班级的前10名，考不到，她就打我骂我。我喜欢踢足球、看书、看电视，但妈妈认为这些都影响学习，老是阻止我。在学校与同学交往，他们谈些新闻、电视剧，我什么都不知道，插不上嘴。我想看看报纸，妈妈说，高考又不考报上的内容。每到周六和周日，她也不让我出去玩，就是让我学习。我厌倦了，生活太单调了，我觉得学习学得很不开心，活着没有什么意思……”

“你和母亲的矛盾是怎么激化的呢？”问题越来越接近事件的发生，我的提问便越来越小心。

“那天中午，吃过午饭，我见母亲开着电视机在卧室里织毛衣，我想过去看几眼电视。母亲像往常一样又开始说我：‘我告诉你，考不上大学，我不会给你第二次考大学的机会，期末考不到前10名，我就打断你的腿。反正你是我生的，打死了也没关系……’我心里很委屈，很愤恨，我觉得我已经很用功了，她怎么还这么说我。我一声不吭拎起书包往外走，走到门口看到鞋柜上有一把铁榔头，于是我冲进卧室，就……

“我一个人在大街上跑了两个小时。我不知道自己为什么做出这样残忍的事情。我的脑子里一片空白，头也很昏。跑着跑着，我忽然想起，那是我妈，我得去救她！等我跑回家，我妈已失血过多，生命不可挽回了……”

“你知道你是怎样长大的吗？”我问。

“在看守所里，我常常想着自己是如何长大的。记得有一个晚上，我突然发高烧，要马上送医院。妈妈背起我，一步步走到医院。我小时候很胖，妈妈背我很不容易。妈妈生我的时候，本应该剖腹产，但她听人说剖腹产对胎儿不利，强忍着剧烈的疼痛把我生下来。那时，她走路都非常小心。她爱吃辣的，但听说辣东西对胎儿不利，便再也不吃辣的。每当想到这些，我就非常感动。我觉得母亲对我花的心思太多了。”

我以为徐力不知道这些，没想到妈妈对他的爱，他心里还是很清楚的。我对徐力说："你想过没有，在这个世界上，有不少孩子生活在不幸的家庭中。有的孩子的父母长期瘫痪在床上，有的则是精神病，但这些孩子却很孝敬父母，每天侍候他们，洗脸、做饭、干家务，哪怕有再多的委屈。因为他们知道，父母生我养我不容易！"

听到这里，徐力哭了，哭得很伤心。他说："我是个畜生，竟然用自己的双手把母亲'送走'了，我十分后悔……"

当天下午，我登上了全国少工委和金华市团委、少工委举办的素质教育报告会的讲台，我讲的题目是"为了孩子们的今天和明天"。能容纳 1700 人的会场里坐满了人。

报告会后，一个初二的女生走上台，满脸庄重地对我说："我看过中央电视台《新闻调查》节目对徐力事件的报道。我当时就对我妈说：'我怎么越看越觉得您像徐力他妈妈呀？'我妈说：'那你也用铁榔头把我打死算了！'我对她说：'我不会像徐力那样把您打死，可您的确很像徐力他妈妈！'"

这个女孩儿的话，使我倒吸了一口凉气。更让我感到震惊的是，在金华，我听到了许多类似的说法。

徐力的同班同学说，他妈妈也像徐力的妈妈一样，整天逼他学习；他的家庭也类似徐力的家庭，没有欢笑，没有交流，没有自由的天空。

他们同情徐力，是因为他们同徐力一样，在家里有一种压抑甚至是窒息的感觉。的确，徐力从小是在非常压抑的环境中长大的，在家里没有秘密，没有自由，没有应该属于他这个年龄的快乐——这种环境的制造者正是徐母。强烈的占有欲和过高的期望值，使徐母对儿子的爱扭曲了。她把儿子看成自己的私有财产，以为生下了他就拥有了他，他的一切行动都要听从自己的指挥，甚至将自己的意志强加给他，认为"反正你是我生的，打死了也没关系"。在这种错误心理的驱使下，徐母把对儿子的关爱，扭曲成监视和压迫，使儿子在生活中失去了自由，在同学中失去了面子，人格尊严受到严重的伤害。

孩子的心灵世界是靠人格尊严支撑的，而在高压之下，孩子永远没有被尊重的感觉。一个人没有被尊重的感觉，他就不会去尊重别人，不会去遵守社会的规范。从小到大，徐母对儿子的看管、监视、打骂，早已把儿子的尊严消磨得荡然无存，促使他一天天地走向毁灭！事实上，徐力的良知已经在他杀死母亲之前就丧失了。失去了尊严，正是那些在压抑中长大的孩子更容易发生暴力行为的原因。

徐力事件发人深省。因为，徐力家庭发生的事件虽是个案，但相似的家庭也隐藏着危机，有的家庭里甚至隐藏着悲剧的隐患！

有人认为这都是应试教育惹的祸。

“徐力事件”不能完全归咎于应试教育，但与应试教育是有关系的。根据了解到的情况来看，应试教育其实并没有给徐力带来多少压力，当时他学习成绩优秀。但应试教育却给徐力母亲带来了巨大压力，她一心希望儿子成绩更好一点，希望他能考上北大、清华等名牌大学，于是就一直逼他、压他，不让儿子去操场上运动，甚至不让儿子看电视、报纸。有一次我去浙江省未成年犯管教所看徐力时，正遇上徐力的爸爸。他爸爸与我聊起一件事：一天晚饭后，徐力母亲对他说“去看看你的宝贝儿子在干什么”。这个时候是学生饭后活动时间，他母亲猜测儿子很可能在操场上。到了操场以后，他们果然看到儿子在玩。徐力看到母亲后吓得绕着操场跑了几圈，然后一个劲儿地向妈妈解释“我没玩，我没玩”。徐力爸爸说，当时看到这种情景，他心里就想，儿子怎么会被他妈妈吓成这个样子。

徐力是在长期心情压抑而且得不到宣泄的情况下，终于因为母亲一句似乎不近人情的话而引发了可怕的后果。

第一次见过徐力后，我就决定：要尽自己的努力，拯救徐力的心灵，让他走出罪恶的深渊，重新扬起生命的风帆。我想让天下的父母和孩子们都相信一个事实：亲情的阳光足以融化一个人心中的坚冰，一时迷失的孩子只要通过努力，就能改变自己的命运！

2000 年 11 月 11 日，我到金华市参加全国“知心家庭学校”现场推进会。绕道杭州市，去看望了已经转到位于杭州市的未成年犯管教所的徐力。当时我给徐力带去了毛衣、袜子和水果。徐力看到我时又惊又喜，眼中噙满泪花。听管教所的干部说，徐力被判刑后情绪一直比较低落。于是，我又与徐力进行了一番长谈。要让他明白：不应该这样自暴自弃，只要努力，他今后的人生道路还有阳光。

徐力表示要振作起来，好好改造，争取减刑，早日走出“高墙”，重新成为社会的有用之才。同时，他表达了想参加高教自学考试的愿望。我鼓励他：“你现在没有妈妈了，今后我会经常来看你。”

2001 年新年前夕，我收到了徐力的新年礼物——一封长长的信。在信中徐力说：“我就是因为没有找到与父母沟通的正确途径，才酿成了今天的悲剧。我真的不想让这种悲剧重演，所以我希望‘知心姐姐’能把我的亲身经历告诉天下所有的父母和孩子们。”

同年春天，我又接到一个好消息，浙江省未成年犯管教所把唯一一个夜大报考名额给了徐力。听到这一消息，我买了一件红色 T 恤衫赶到杭州看望徐力，并对他说，红色是好运的象征，希望你穿上这件红色 T 恤衫，能够考试成功。过了一段时间后，徐力打电话兴奋地告诉我，考试那天他穿上了那件红色 T 恤衫，最终通过了考试。

2002 年春天，我邀上全国著名的少年法庭法官尚秀云一起去看望徐力。尚妈妈的教导，又给了徐力极大的鼓舞。那天，徐力流着泪说：“现在我才明白，天下的父母都是爱自己孩子的！”

当一个 19 岁的孩子开始理解自己母亲的时候，却已永远失去了亲生母亲，这是多大的悲剧啊！

徐力真的变得开朗起来了，不再像过去那样把心思埋在心底。有什么想法，他就说给来看望他的爸爸听，说给我听，他们不在

眼前时还说给警官听，或者说给住在一起的狱友听。而且，徐力还懂得了怎样面对压力，想办法把压力变成动力。自从参加了夜大学习后，在没有老师辅导的情况下，徐力像蚂蚁啃骨头一样自学，通过了一门又一门课程考试。徐力说："现在我遇到挫折也不会气馁，更不会一味埋怨。"我鼓励他："太好了，你能这样做真了不起！"

那时徐力还在浙江省未成年犯管教所里当小组长，负责20多个组员。我曾问徐力出狱后有什么打算。徐力说："将来想自己办一个公司，干一番事业。"我当即给予赞扬。我也为徐力联系了可以接纳他的工作单位，其中一家还是外资单位。徐力表现很好，在6年时间里他每天为减刑而努力，已获得减刑6年，被判刑12年的徐力已经走出高墙了。这家外资单位已为接纳徐力的事专门开过董事会，最终同意接纳徐力。

说到底徐力是一个能教育好的孩子，社会应该给他出路。

知心姐姐卢勤（右一）和法官妈妈尚秀云（右三）、记者（右四）到浙江省未成年犯管教所看望徐力和其他误入歧途的孩子，并为他们送去了图书。

徐力来信（一）

知心姐姐：

您好！

11月份的时候我写了封信给您，不知您是否收到？里面有我自己编的中国结和自制的贺卡，还有这里的学员对您的问候及看完您上次写的书的感受。如果没收到也没关系，我现在把这里的情况告诉您。

知心姐姐，下半年的自考刚结束，我顺利地通过了两门课程，到目前为止我已通过了10门课程，再有5门便可拿到文凭，我争取在今年完成学业，2005年一年下来，我取得了很多成绩，年底我被评上了“监狱改造积极分子”，今年3月份便可见报减刑，大概入夏的时候便可获新生。我一定要好好改造，不断努力，走好最后一段的改造道路。

知心姐姐，自您演讲后，这里的学员都很感动，把您送给我们的书不知看了多少遍，很多学员都从书中受到启发，找到了与父母沟通的途径，还有的通过学习改掉了身上的恶习，大家都受益匪浅，听说今年三月份您要来，大家都很高兴，期盼着再听到您的演讲，再看到您写的书。

知心姐姐，未管所的变化也很大，就您上次来演讲的礼堂，现在已经焕然一新。这里还开设了许多技术班，下半年我便参加了初级计算机的培训，取得了毕业证书。现在这里的学习环境越来越好，我也会好好珍惜，多学知识。

新年已经到来，在这里我代表未管所的全体学员给您拜年了，希望您在新的一年里身体健康，多写好书，给更多的孩子和家长带去欢乐。

就此搁笔，知心姐姐，我们等着您的再次到来。

祝您

新年快乐！万事如意！

徐力

2006.1.15

徐力来信（二）

知心姐姐：

您好！

您这次与我们未管所学员们的互动在这里引起了强烈的反响，您走后，我们都很惦记您，您给我们留下了很多东西，让我们更懂得如何做人，如何学习，如何适应社会。可以说，2004年的时候您教育了我们这里的部分学员，当时他们对您还不是很了解。如今，您教育了我们这里更多的学员，他们被您的真情感动了，您与学员们的零距离沟通使大家感到很亲切。

您的书我们每天必看，里面的“我能行，太好了”已成为这里最常用的话语，学员们从中学到了很多，与我住在一个监舍的学员都很羡慕我，都说有这么好的知心姐姐关心我，而他们有些人从前很少得到关爱，很多学员在看完您写的书后纷纷写了读后感，还有很多学员要给您写信。知心姐姐，您已经走入了我们的心中，我们为有您这么一个“妈妈”而感到无比幸福。

回想当天的情景，的确太感人了，因为有您这么一位妈妈，许多学员都说了平时不敢对家人说的话，“妈妈，我错了”，“妈妈，出去我听您的话”，听了这一句句真情的告白，许多人都热泪盈眶，虽然我没这样的机会再对妈妈说，但我在心里一直默默地念着。

您那天问了我出去后出书的事，通过这段时间的考虑，我决定自己好好整理思路，出去写一本对社会、对父母、对孩子有用的书，主要还是通过自己的事例来阐述，可能自己会有些思想包袱，但我会努力丢掉，我不能这么自私，我不能让别人重蹈我的覆辙，我不能再让悲剧重演，我要对自己的事负责，同时也要对社会负责，我要用自己的实际行动去回报社会，我相信这本书能帮助很多人。

知心姐姐，我会把握每一天，不断充实自己，使自己变得更强。我想出去后自己会面对很多问题，但我不会畏惧，我会努力面对，因为我长大了，懂事了，我不能再让憔悴的父亲为我担心，不能再让所有关心我的人失望，我会用自己的实际行动证明一切，相信我，我能行。

此致

敬礼！

徐力

2006.4.6

小朋友热烈欢迎知心姐姐的到来。

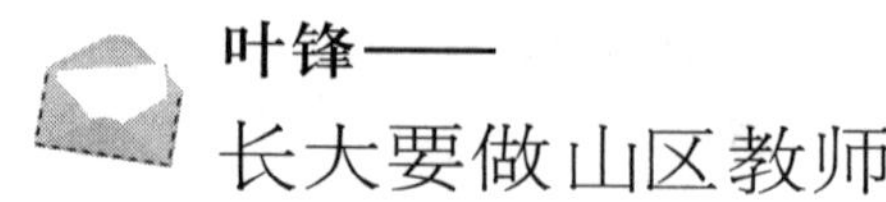

叶锋——长大要做山区教师

少年叶锋的理想

1994年，我带领小记者团去河南省信阳市大别山区采访。并带去全国小朋友捐出的20万元压岁钱、零花钱，要为光山县砖桥乡王大湾建一所“手拉手”希望小学。

我们走进一个叫叶锋的男孩儿家中，他因家境贫寒失学了。

在四面透风的屋子里，叶锋的妈妈拉着风箱，为我们烧水。通过炉火，我看到沧桑过早地爬上了她的脸庞。

“我是一个苦命的女人。”她叹着气说，“我嫁到这个家，就欠了人家建房费两千元，现在钱还没还上，房子又漏了。他爸四十多岁去外地打工，可家里还是没钱供孩子读书。一次，家里只剩下一袋米，我交给叶锋让他卖了补学费。可儿子扛着米，在村里转了两圈，又把米扛回来了，对我说：‘妈，这学不上了！’我心里别提多难过了，我知道他爱学习！”说到这儿，两行泪水顺着她的脸颊流淌下来。

我不知道说什么好，给了她200元，她不要。我说：“拿着，为了您的孩子！”她含着泪收下了，“为了孩子”是母亲最大的动力。

出了她家的门，我见到了叶锋。他个子不高，瘦瘦的，听说“知心姐姐”要来，他去邻家借了一件大外套。

“叶锋，你好！我是知心姐姐。”我向他打招呼，“我想知道，妈妈给你的米你为什么没卖？”

叶锋的脸涨得通红，半天才小声说：“妈妈身体不好，家里没有米，她的身体会更糟。我是个男孩儿，我要养这个家，让妹妹去读书，不要让妹妹像爸爸那样，出去打工连封信都不会写。”

听了这番话，我的眼泪差点掉下来，多么懂事的孩子！

“你将来想做什么呢？”

“我想当老师，让全村的孩子都有学上。”叶锋的眼睛中带着坚毅。

“我来助你实现理想！”我伸出了手，紧紧地握住了叶锋的手。

小记者中一位来自南京的小女孩儿主动和叶锋手拉手，我们共同资助叶锋返回了学校。

四个月后，当王大湾手拉手希望小学落成时，我再次来到这里，看到学校的大队日记的第一页上写着“大队长叶锋”。

一年后，我的脚骨折了。叶锋听说了，写来一封信。信中说：“知心姐姐您怎么不小心呢？怎么把脚摔伤了呢？听到这个消息，我很难过，恨不得飞到您身边去侍候您。”看得出信被泪水打湿过，皱皱的。

“侍候”两个字很让我心动，通过和信阳方面联系知道叶锋已上了中学，我给他邮去了300元让他交学费。很快，叶锋又回信了。

“妈妈，我早就想喊您一声妈妈了，可是我不配，您就让我喊一声吧！”

我心里热热的，欣然接受了这个大别山里的充满爱心的“儿子”。

第二年夏天，我随艺术团去王大湾慰问乡亲们。当我见到叶锋时，只见他的个子超过了我，脸上带着微笑，可他一句话也没说。

演出结束时，天完全黑下来，人群散去时，我看到叶锋还在黑暗中站着，手里拎着我的大书包。

当我乘坐的汽车要开动时，叶锋走上车，把书包交给我，轻轻说了一声：“妈妈再见！”

我的眼泪一下子涌了出来，对身边的敬一丹说：“这孩子跟了我半天，就想当面喊一声妈妈，可他不好意思。”敬一丹的眼圈

也红了。

后来，叶锋上了潢川师范，他变得爱说话了。可当我知道每个学生每年要交两千元，三年要交六千元，叶锋因为没钱，天天不吃菜时，我当面给他两千元。叶锋说什么也不要。

“为了理想，你要收下，身体要紧！”我说。

叶锋拉着我的手，激动得热泪盈眶：“妈妈，请您记住，大别山永远有您的儿子！”

“儿子，请你记住，毕了业，要给农民的孩子当老师，大别山需要你！”我鼓励他。

2000年，我获得韬奋新闻奖，得到的奖金全都给叶锋交了学费。如今，叶锋已经毕业，回到王大湾手拉手希望小学，当了一名老师。每逢我过生日，都会接到来自大别山的电话：“妈妈，我是叶锋，祝您生日快乐！”

有什么比这一句深情的问候更让人心动？有什么比孩子的成长更让人欣慰？

叶锋来信（一）

敬爱的妈妈：

您好！

您的身体现在好吗？自上次分别至今已一月有余了，您现在是否还在外出差，东奔西走？我想您现在一定很忙吧，希望您一定要注意自己的身体，只有好的身体才能做好工作，祝愿您身体永远健康。

妈妈，我现在很好，一切都是那么顺利，这次开学我查过成绩，不是很理想，但我感到非常欣慰，因为它超出了我预计的分数。当然我不能就此得意，因为知识是无限的，用有限的生命去学无限的知识才是理智的，当然我之所以取得今天的成绩，是因为都离不开他人的帮助，离不开妈妈和潘阿姨的资助，离不开妈妈每一次对我的鼓励与信任。妈妈请您放心，我要以最大的努力，取得更好的成绩，做一名合格的教师。

妈妈，您送的书我看过了，我觉得您写得太棒了。自从我看过您写的书之后，我就想我要是也有很好的写作才能该有多好啊！妈妈，我从您那几本书中懂得了一位家长的心思，懂得了一个家庭的酸甜苦辣，懂得了家长要面临孩子多方面的变化和怎样处理这些问题，知道了儿童是多么天真无邪，知道了在他们的心灵深处也有一颗滚烫的心，知道了怎样与孩子建立良好的关系。将来，我想这几本书对我的帮助一定很大，因为我确实从里面学到了不少东西。

对了，妈妈，我从书中看到您做过胃镜，我想您一定得过胃病吧，现在好了吗？您一定要注意身体啊！

就谈到这里吧，如果见到祝姐姐请代我向她问声好，谢谢她送给我的礼物。

此致

敬礼！

儿：叶峰

叶锋来信（二）

敬爱的妈妈：

您好！

自校庆一别至今已有半年没有联系了，您的身体好吗？爸爸和大哥他们都好吧？大哥在什么地方工作，一定干得很出色吧？

妈妈，您现在还跟以前一样忙吗？每个月是不是要出许多次差？无论再忙，一定要注意身体。

我现在工作得非常投入，对于教师这个岗位，我非常喜欢，现在我在这个岗位上，再也不像以前那样感到害怕了，只是有些紧张。特别是近年来教育的不断改革，教学方法的不断更新，一年一个新模式，再也不是从前那种单纯的教与学了。所以现在要一边教学，一边去参加新的培训，在教学中不断进步。

妈妈，是您让我从一个放牛娃一步一步地走到讲台上，是您帮我实现了自己的梦想，是您给了我一个实现理想的机会，是您给了我一切。

此致

敬礼！

儿：叶峰

叶锋来信（三）

敬爱的妈妈：

您好！

最近身体好吗？真对不起，由于我的懒惰，一直没有给您寄信，让您为我担心了。

现在我就这次机会向您汇报一下我这里的情况，让您少一点对我的担心。

我们这里今年开学比较晚，开学后的第一周头两天是收费时间。今年不知为何，学校让我也参与收费。当校长分配了各自的工作后，我非常害怕，因为我从来没有收过那么多的钱，而且是我一个人收三个班的，如果收到了假钞，或是开错了票据，那可咋办呢？但是不管我怎么想怎样害怕，收钱已成了事实，所以我只有勇敢地去面对，先给自己一份自信，别人能办到的我一定行。正式上课是从星期三开始的，由于去年的学习和磨炼，虽然还有些紧张，但是我并不太害怕，比以前强多了，因为我有信心上好第一节课。

3月6号，全县组织中小学的体育教师培训，我校也在规定的范围内，理所当然，我又被派去学习。初出茅庐的我非常紧张，我担心会给学校抹黑，毕竟我是第一次代表学校去学习，一点信心也没有，真的怕让校长失望。但是校长却给我打气，说：“学校派你出去是因为学校相信你有那个能力，你能行。”

培训结束后，我总算没有让校领导失望，自己从这次学习中受益匪浅，锻炼了另一种能力。

妈妈，告诉您一个好消息，我妹妹于今年正月初八出嫁了。出嫁那天本应是我全家都高兴的日子，因为妹妹有了一个好归宿，可是却相反，我们全家人都高兴不起来，总觉得心中缺点什么，还好妹夫是我的同学，和我是一年的，我相信他会照顾好她的。

妈妈，您记得去年在鸡公山上我们聊天时，我说过想报自修的事吗？我想，我的知识几年以后，十几年以后就不够用了。去年由于对教学还不太熟悉，所以没有精力去报考，今年我对教学也有八九分的把握了，所以抽出时间是比较容易的。在参加体育培训的当天，我到教委报了名。现在我已将书看一遍了，再有二十几天就考试了，我得抓紧时间，争取能过关，您说我能行吗？

妈妈，爸爸和大哥现在好吗？大哥现在工作的单位一定好棒吧？妈妈，这次就聊到这里吧！

此致

敬礼！

儿：叶锋

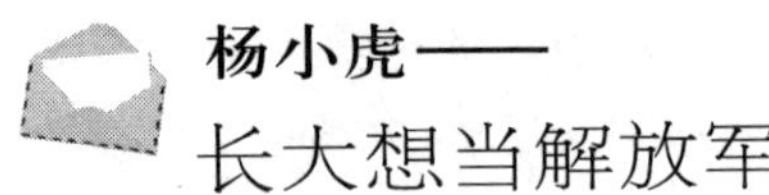

杨小虎——

长大想当解放军

我的理想实现了

我叫杨小虎，今年19岁，现在是×××军区××班长。我的家乡是革命圣地西柏坡。8年前我开始阅读《中国少年报》，如今我们已成了形影不离的好朋友，为什么成了形影不离的好朋友呢？因为这里面有一个感人至深的故事。

8年前，无情的病魔夺去了我父亲的生命，这对于本来就不富裕的家庭来说，犹如雪上加霜，从此，家垮了，正当母亲为我即将失学而无能为力地流泪时，温暖的春风吹到西柏坡山岭上。1993年12月24日，由中国少年报社组织全国少年儿童用压岁钱捐建的第一所手拉手希望小学在太行山下，西柏坡山岭上建成了，我可以重返校园了！

我最难忘、最快乐的一件事情，就是学校的落成典礼。那天，中国少年报社和教育部门的领导都来到了我们中间，他们非常关心我们的学习，为我们配备了一流的教学设施，使我们拥有了舒适的学习环境。

当"知心姐姐"卢阿姨来到我们班时，教室里响起了热烈的掌声，她问我们人应该有怎样的理想，我说出了自己的理想——当一名解放军战士。卢阿姨高兴地问我叫什么名字，我打开破旧的文具盒，拿出仅有的用了很久的铅笔头写下了"杨小虎"三个字，卢阿姨惊讶地看着我手中的铅笔头，鼓励我好好学习，并用一支圆珠笔换走了我的铅笔头。这支圆珠笔虽然早已用完，但我至今仍保存在身边，我觉得它并不单单是一支圆珠笔，更是一种鞭策我、激励我前进的动力，从此《中国少年报》便成了我成长中的一盏明灯。

通过阅读《中国少年报》，我学会了许多学习方法，学会了怎样做人。卢阿姨经常在百忙之中来信帮助我，指导我学习。在您的关心下，我进步很快，顺利地考入县重点中学，在学校我更没有放松过对自己的要求，一直朝着自己的理想而努力，1999年高中毕业后，我终于穿上了军装，走进了自己向往已久的军营，我的理想实现了！

入伍后，我遇到了许多困难，卢阿姨都耐心地一一解答。当兵一年多来，我一直没有忘记卢阿姨的教诲：干工作要脚踏实地，面对困难要充满信心。

在新兵连里，我的身体素质很差，但我没有灰心丧气，而是怀着一种“练好本领，争当合格兵”的心情努力训练。清晨别人还在梦乡中，我已练习了一个小时的长跑，五公里越野，别人背四枚手榴弹，我就坚持背八枚。功夫不负有心人，在新兵训练结束时，我的军事成绩已位居新兵连前列，后因成绩突出被领导选派到师教导队参加预提指挥士官集训。在部队里，我一直记住卢阿姨所提倡的“快乐人生三句话”并发扬光大，由于在部队开展的“一帮一,一对红”活动中取得了明显效果，受到了战友和领导们的一致好评，同时，我也被评为“学雷锋先进个人”。通过自己的不懈努力，我先后获得四次嘉奖，一次被评为优秀士兵。这些成绩的取得是与《中国少年报》的帮助分不开的,《中国少年报》给我的不仅是物质和精神的帮助，而且还使我学会了怎样做人，没有《中国少年报》的支持,就没有我今天的进步。在此,谢谢《中国少年报》,谢谢卢阿姨,谢谢关心支持我的各位领导,请大家放心,我一定会争气，一定会干好本职工作，努力争做一名优秀士兵！

在《中国少年报》建刊60周年之际，我衷心地祝愿《中国少年报》生日快乐，同时也祝愿《中国少年报》越办越好！

一个永远感谢《中国少年报》，
一个永远支持《中国少年报》，
一个永远离不开《中国少年报》的读者

杨小虎来信（一）

卢阿姨：

您好！

过年好吗？您现在的工作一定很忙吧？

卢阿姨，当您收到这封信时，一定会感到很奇怪吧？不过，我想，如果您完完整整地把这封信看完之后，奇怪的心情一定会减少许多。卢阿姨，我是杨小虎，您可能会感到这个名字很陌生吧？因为我们已经两三年没有联系了，卢阿姨，您可曾记得，我们头一次在西柏坡希望小学见面时，您问我的理想是什么，我说要当一名解放军战士，您送我一支圆珠笔。虽然，这支笔已经用完，但我始终保存在身边，因为我永远不会忘记您的话，不会忘记您的教诲。去年，我高中刚毕业，恰逢征兵工作也刚刚开始，我很幸运地应征入伍，成为一名中国人民解放军战士。卢阿姨，记得我们第二次见面，您曾经问我："怎么样，学习成绩行吗？别忘了自己的理想哟。"卢阿姨，现在我的理想已经初步实现，也可以说是只实现了一半，因为虽做了军人，但并不证明我是一名合格的军人、好军人，因为要做到这些，需要坚持不懈地努力训练，卢阿姨，我希望您能为我理想的初步实现而感到高兴。

卢阿姨，我从初中到高中一直没有和您联系上，我感到很惭愧，我衷心地祝愿这封信您能够收到。卢阿姨，在我入伍前的那天晚上，希望小学原校长焦彦文、原少先队辅导员李建静，以及过去的老师，都到我家看我，当老师们问我和您联系上了没有，我只能惭愧地摇摇头。就在第二天，走到车站，快要上车了，李建静老师又骑车赶来，叫我到部队以后，想办法和您取得联系。到部队以后，我想马上和您联系，可是又把地址弄丢了。卢阿姨，您说我是不是个荒唐的人呢？后来收到李老师的来信，并把地址告诉了我，叫我和您联系，我想，我应该在部队努力工作，取得一点点成绩后再给您写信。

卢阿姨，在部队虽然很苦很累，但这里的确是个锻炼人的大熔炉。卢阿姨，我新兵考试合格了，其中5公里越野还达到了优秀，在全营新兵评比中，有幸得了个嘉奖，虽然这算不了什么，但我一定会更加努力。卢阿姨，请您放心，无论什么时候，我都不会忘记您所说的话，不骄傲自满，一定要努力干好本职工作。

卢阿姨，李老师及焦老师都多次写信来，说如果和您联系上，代他们向您问好！

卢阿姨，我怕这次还和您联系不上，所以又想起几年前用过的方法，让温愉新社长找您。

卢阿姨，我知道自己没用，您打开这封信后，不详细看，一看就会说，这字太潦草了，没办法，我希望您不要笑话我！

就此收笔吧！

祝您

工作顺利！万事如意！

一位渴望和您联系的学生：杨小虎

2000年3月1日于连队

杨小虎来信（二）

卢阿姨：

您好！展信佳！

很高兴能够跟您重新取得联系。卢阿姨，我们很久很久没有联系过了，说句心里话，我真的很想念您。

光阴似箭，岁月如梭，转眼间几年时间过去了，我从一名学生成为一名军人，这一切连我自己都没有想到。说真的，自从我走进火热的军营以后，每当我给您以及关心支持我的人写信时，深感惭愧，我感觉自己辜负了大家对我的期望，心里很不是滋味。

于是，我暗下决心，一定要争气，要干就干出个样子来。一年多来，我没有放松过对自己的要求，我与战友间、上下级间都

相处得很融洽，年终总结，我被评为“优秀士兵”，营连各记嘉奖两次。卢阿姨，我对您说这些，并不是在向您炫耀什么，我是想让您放心，无论我从事什么工作，我都会干好的。我们从9月初到11月底一直在海拔3000多米的高原上，进行“千年”军事演习。经过90来天的高原锻炼，我感觉自己学到了许多东西。演习回来，我被调入营部给教导员当通信员，面对以前从未干过的新工作，我更是策马扬鞭，加倍努力。卢阿姨，您放心，我会干好本职工作的。

现在最让我头痛的便是自己的学业，21世纪是个崭新的世纪，是人才竞争的世纪，没有知识就好比没有大脑，无法生存，当我刚接触函授的时候，感觉不是太难，可随着时间的流逝，学习的内容也是逐步加深，我感到有点吃力，我们一起读函授的战友，有的已经半途而废，原因是一点也搞不懂，我底子稍微好一些，但还需要加倍努力，在此，我还得感谢您以及关心山区教育事业的社会各界人士，是你们给了我们山区穷孩子第二次生命，我们永远都不会忘记你们，永远感谢你们。

现在，我每天除了干好本职工作之外，就是学习函授专业，因为我们教导员是政工干部，他对我很好，让我多看一些书，练一下写作。说起写作，卢阿姨，请您抽空多指教。

卢阿姨，快要过春节了，首先，我祝您和家人新年快乐！其实，我也没有什么礼物可送给您，就给您寄了一点家乡的土特产，东西虽然不多，也可能不好，但它代表我的一点心意，希望您一定收下。(听家里说东西是1月7日寄出去的，请您收到东西后，给我打个电话。)

就此收笔。

祝您

工作顺利！万事如意！

杨小虎

2001.1.8

杨小虎来信（三）

卢阿姨：

您好！近来一向可好？工作忙吗？

这段时间我们一直忙于迎接师部的军事考核，所以今天才给您写信。卢阿姨，告诉您一个好消息，在这次军事考核当中，我以优异的成绩，被团评为训练先进标兵。

卢阿姨，当兵一年多来，我一直把“精、细、实”作为平时工作的标准严格要求自己，应该得到的荣誉，我基本上都得到了，自身素质也有了一定的提高。然而，最使我头痛的一件事，就是自己知识太少，脑子里老是一片空虚，我最后悔最无奈的一件事，就是过早地失去了学习的机会。在我十岁时，父亲不幸因病去世，从此以后，家庭的重担就落在了母亲一个人的肩上，当我和妹妹即将面临失学时，希望工程开始了，是你们带着温暖，带着爱心来到了革命老区，同时也使我从小学顺利升入重点初中。在学校中，我一直不敢忘记家人的嘱托和你们的关心，成绩一直名列前茅，在中考时，我又以超过分数线20多分的好成绩考入县重点高中。可是面对那高额学费，我退缩了，因为我的家庭已无法承担这一切，我想把希望寄托在妹妹身上，自己跨进了军营。当然我知道，自己最缺乏、最需要的东西是知识，所以来到部队以后，我首先报名参加了由军区组织的成人中专学习，今年年底被评为优秀学员，现在的学习，已进入了关键阶段，年底就毕业了，我想学完了中专以后，再报考大专。卢阿姨，您放心，我永远都不会骄傲，永远不会做语言的巨人，行动的矮子，我会用自己的实际行动证明自己的想法。

对了，前段时候，我到峨眉山出差，顺便给您带了一盒茶叶回来，我把茶叶跟信一块寄出，您收到后，请给我打个电话。

就此收笔。代我向您的家人及同事问好！

祝

工作顺利！万事如意！

杨小虎

2001年2月20日

杨小虎来信（四）

卢阿姨：

您好！展信佳！近来一向可好？工作顺利吗？身体好吗？

好久没跟您联系了，十分想念您，也不知道为什么，每当我心事重重，拿不定主意的时候，就特别想跟您讲一下，我感觉只有您了解我，帮助我，但我担心您工作那么忙，不应该给您添乱，矛盾的心情一直持续到了今天，最后，我还是忍不住提起了笔。

卢阿姨，随着集训时间过半，我们的共同科目训练也在六月中旬结束了，通过考试，我的成绩也名列前茅，尤其是我的组训法（教学法）以96分的成绩位居全中队第三名。这些成绩的取得，是与您和部队领导的关心永远分不开的，在此，表示衷心的感谢。

当兵一年多来，我始终把您的教诲当作我前进的动力，自从看了您的书以后，我的认识更深了。因为天气炎热和训练辛苦等不良条件的影响，有时情绪很低落，干什么都打不起精神，可一想起您曾说过的，要坚定理想，树立信心，永远都要做"我能行"的人。卢阿姨，告诉您一个好消息，我把您所提倡的"快乐人生三句话"运用于部队开展的"一帮一,一对红"活动中，无论是在学习上，还是在生活上都取得了明显效果，受到了党支部书记的表扬。战友们都认为，"快乐人生三句话"能很好地使官兵关系变得融洽，培养我们的责任心，使助人为乐的光荣传统得到了很好的发扬。卢阿姨，我代表战友们感谢您，同时，也衷心地希望您写出更好更棒的作品。

卢阿姨，酷暑七月马上就要到了，您要多注意休息，多保重身体。

就此收笔！

祝

工作顺利！万事如意！

学生：杨小虎

2001 年 6 月 26 日

杨小虎来信（五）

卢阿姨：

您好！展信佳！好久没有给您写信了，十分想念您，您身体好吗？工作忙吗？一切都顺利吧？

时间过得真快，一转眼又到了 8 月中旬，时钟的分针再转 36000 圈，时针再走 600 转，日历再翻过 25 张，就是 9 月 12 日——您的生日。36000 个祝福，600 个思念，25 份感谢都送给您，说不尽的千言万语汇成一句话：生日快乐！卢阿姨，我真不知送您什么礼物好。我想亲手做 53 只千纸鹤送给您，为此特向战友学习了折纸技术，虽然折得不太好，但还算可以，可由于士官集训已接近尾声，毕业考试，上级检查，军训学生等一大堆任务，让人遗憾的是时间太紧了，到今天为止才折了 28 只，所以才买了一个小小的纪念品，它虽然不好，但却代表我的一片心意，希望您能够喜欢。

卢阿姨，我知道送您什么都不如用自己的成绩来报答您的关心和支持，考试已过了六科，成绩都很好，剩下来的七科，我想也没什么大问题。卢阿姨，五个多月的学习和生活，不仅使我具备了一个指挥员的基本素质，还使我学会了真正地乐于助人，您所提倡的“快乐人生三句话”在部队“一帮一,一对红”活动中发挥了很大的作用，我跟西藏籍战友次仁是互帮对象，我教他写字，讲普通话，他帮我练军事，在双方的真诚互助下，我们两个

进步很快，他学会了基本的汉字，学会了与战友用普通话交谈，我军事成绩也提高了一大截儿。卢阿姨，我有一种说不出的感激之情，在此，我向您表示衷心的感谢，我会继续努力的！

卢阿姨，今年年底我可能要留在部队转士官，因为我热爱军营，部队很适合我，但也不知从什么时候起，我对知识产生了一种强烈的渴望。在科学技术飞速发展的21世纪，没有知识，就好像盲人一样无法生存，我想转士官后，报考函授或成人高考，边学习边工作，您说这样行吗？卢阿姨，最后我想提个请求：您能送我一张照片吗？

就此收笔！请代我向您的家人问好！

祝

工作顺利！万事如意！

学生：杨小虎

2001年8月18日于宿舍

杨小虎来信（六）

尊敬的卢老师：

您好！展信佳！

好久没有给您写信了，十分想念您，您身体好些了吗？得知您身体不适的消息后，我一晚上没睡好，心里十分着急，同时也非常后悔。着急的是不知您身体是否康复，后悔的是，在您百忙之中和身体不适的情况下，我不但没能照顾您，反而给您添麻烦，心里很过意不去，希望您能够谅解！

卢老师，其实不用您说我都能够考虑到，您工作繁忙，我不能随便打扰您。去年底，我写了一份述职报告，想请您批示，后来考虑，您太辛苦了，就一直没有寄出。卢老师，听了您那天晚上的一番话，我心里很激动，心情久久不能平静，感到十分惭愧，卢老师，我知道自己欠您太多太多，无法偿还，唯一的办法是，干好工作！

上星期，经民主选举，支部推荐，我被团评为“学雷锋标兵”。在前天举行的先进事迹报告会上，我激动得流下了眼泪，在报告中，我又一次提到了《中国少年报》，提到了您——我的好妈妈！当时，领导和战友们都很惊讶，我自豪地说：是《中国少年报》，是卢老师——我的妈妈，教会了我怎样做人，没有他们就没有我的今天！卢老师，让我发自内心地大声喊您一声妈妈吧！谢谢您，妈妈！会上，团领导在总结讲话中，特别提到了我的事迹，号召大家向我学习，并让我代表全团官兵向您，向《中国少年报》表示感谢！

会后，我做了一个调查，在报告团9名成员当中，有8名读过《中国少年报》，有6名读过您写的《做人与做事》，有4名与您见过面，我为《中国少年报》感到骄傲，为您感到自豪！卢老师，“快乐人生三句话”已成为我人生中的航标了，助人为乐、努力工作已成了我的座右铭，我一定会铭记您的教诲，一定不会让您

失望！

卢老师，去年我一共资助了3名贫困学生，我跟您讲的那个，父亲早逝，家境贫寒，想读函授的小女孩儿，是我资助的第四名对象，看到她，我就禁不住想起了当年的我，心里很不是滋味，一年来，虽然我家的生活过得很拮据，但我觉得心里很踏实！

卢老师，您一定要多注意身体，多注意休息！我在远方为您祝福！

就此收笔，请代我向其他老师问好！

祝

身体健康！万事如意！

您的儿子：杨小虎

2003年2月26日